快乐教学

如何让学生积极与你互动

[美] 艾丽斯·乌德瓦里-索尔纳 Alice Udvari-Solner 保拉·克卢兹 Paula Kluth 著

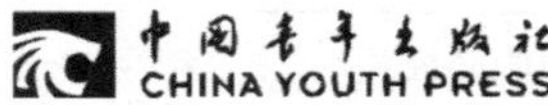

图书在版编目(CIP)数据

快乐教学——如何让学生积极与你互动/（美）乌德瓦里-索尔纳，（美）克卢兹著；李珂译.—北京：中国青年出版社，2010.11

ISBN 978-7-5006-9608-7

Ⅰ.快… Ⅱ.①乌… ②克… ③李… Ⅲ.课堂教学—教学研究 Ⅳ.G424.21

中国版本图书馆CIP数据核字（2010）第201628号

快乐教学——如何让学生积极与你互动

作　　者：〔美〕艾丽斯·乌德瓦里-索尔纳　保拉·克卢兹
译　　者：李　珂
策划编辑：肖　佳　周　红
责任编辑：周　红
美术编辑：李　甦
出　　版：中国青年出版社
发　　行：北京中青文文化传媒有限公司
电　　话：010-65516873/65518035
公司网址：www.cyb.com.cn
购书网址：zqwts.tmall.com　www.diyijie.com
印　　刷：三河市文通印刷包装有限公司
版　　次：2011年1月第1版
印　　次：2019年3月第7次印刷
开　　本：787×1092　1/16
字　　数：123千字
印　　张：14
京权图字：01-2010-6048
书　　号：ISBN 978-7-5006-9608-7
定　　价：29.00元

目　录

Contents

第 5 章　教学成果的评估　177

引 言

Introduction

在每个全纳式课堂上实现快乐教学

近来我们与一位儿子患有唐氏综合征的母亲进行了交谈，她对儿子在中学里的经历感到很沮丧。布莱恩，这位年轻的小伙子，在跟随他的家庭搬到城市另一端进入另一个据说也是全纳式教学的学校之前，一直是在全纳式中学学习，并且能够很好地参与班级里各个方面的活动。在他们搬家之前，父母对布莱恩所接受的教育印象极其深刻。他的母亲解释说，布莱恩在课堂上积极提问并回答问题，在小组合作活动中表现出色，按时完成指定任务，在班会上积极发挥模范带头作用，每年都参加科学博览会，积极参加学校的各种音乐会和演出，与同学之间建立了良好的人际关系。

然而转学之后，布莱恩渐渐失去了对学校的兴趣。这所新的学校尽管与原来的学校在同一个区并且有着相同的学生规模，然而它却有一种更加传统的教育理念。学校希望学生们在大班集体授课的过程中，能够花更多的时间坐在自己的座位上并且进行更独立性的学习活动。校长解释说，尽管学校被称作是全纳式教育学校，然而他们认为全纳式教育体制仅仅适合那些“能够驾驭它”的学生。他还说，在这所学校里，学习是需要“认真对待”的事，教师用更加传统的教学方式进行教学目的是为了“涵盖所有知识内容”。布莱恩开始了痛苦的挣扎，不久以后，老师们就建议他退出他们的班级。布莱恩对学校的态度发生了变化，在他学习生涯当中第一次，他开始拒绝做作业，拒绝早起，甚至拒绝去上学。

不幸的是，这位母亲所陈述的情景都太常见了。一方面看来，她的儿子一直在学习，一直在实现个人目标并且也很有效地被纳入了课堂。然而，从另一方面看，很明显她的儿子不能够很好地融合到这种普通教育课程和教学方法里去。作为全纳式教育领域的研究者和教研员，我们一直关注和关心的问题是，为什么这些学生所表现出来的差异能够在不同的班级里发生？通过与全国教育工作者们的共同努力，我们已经尝试调查了什么样的条件、实践活动和教学方法，能够更好地促进全纳式教育的实施以便适应学生多元化的需求。

据我们长期以来的观察发现，学生们之所以挣扎，不是因为他们不能学到知识内容，而是因为他们不能按照被教授的学习方法去学习。我们常常希望当学生们感到很失败或者感到被脱离闲置的时候，能够选择其他的班级或者离开我们的课堂。更多的时候，我们应当不断地审视我们的课堂，不断地质疑我们的教学方法和课程设置，不断地评估各种指导学生、吸纳学生、引起学生反响和应对学生挑战的方法。换句话说，我们需要以全纳式教育体制下的重要原则为指导。

什么是全纳式教育

乌德瓦里－索尔纳和肖恩德在1996年著文阐释，全纳式教育是一种基于价值观的教学实践，其目的在于试图吸纳所有学生，包括残疾学生，共同融入到当地学校里，全员参加的学习生活中去。全纳式教育通过呼吁对现有学校、教学方法和班级文化进行批判的方式，来不断补充完善其他的学校改革措施。全纳式教育鼓励广大管理人员、学生家长和教育工作者，勇于提出质疑并彻底改造传统的教学模式，鼓励大家用一些能够评价和鼓励每个学生作为参与主体融入班级活动的教学方法，来取代原有的教学方法。这场进步的教育改革运动已经开展了30多年，人们已经制定出了重要的方针和指导原则。

需要特别指出的是，我们发现在全纳式教育下，那些在教学中分离或排斥特殊学生的现象已经开始消除。我们也注意到许多支持服务已经被带入普通教育课堂，教辅人员也已经成为普通教育环境下教育团队中的不可分割的重要成员。对于日常教学来说，最重要的是，我们发现课程设置和教学方法的设计都是有特殊教育工作者和普通教育工作者共同合作制定的，目的在于改变学生的学习方法和学习材料。

什么是主动与合作学习

我们相信采用主动与合作的教学方式能使我们的教学取得积极的成果，这些方式主要包括提升学生尊严和权利、促进自我管理、培养团队意识、增强师生活力和提高师生之间的关注意识等。我们认为这些积极的成果是全纳式教育成功的根本，也正是我们目前所大力倡导的。在此书中，我们用主动与合作学习这个术语来描述所有特色鲜明的教学策略，主要是因为这些教学策略涵盖了两种教学方式（主动学习和合作学习）的所有要素。

主动学习

主动学习法是以学生为教学主体，给学生足够的机会去解决问题，去探索、试验、尝试，去进行创造和发明。在积极倡导和发扬主动学习理念的课堂上，学生们通常会活跃在教室的各个角落，他们积极分享观点，运用广泛的学习材料，热情参与有关问题的讨论和思考。主动学习的本质即学生可以在课堂上做任何活动，而不是仅仅被动地听取教师的讲解。这些活动形式主要包括：听力训练，此活动能够帮助学生理解和吸收所听的信息；摘要写作训练，此活动能够帮助学生对讲课材料做出互动和回应；快节奏游戏，此类活动可以在复习课和新授课中采用；还有复杂小组活动，在这项活动中学生们能够学以致用，把所学的知识运用到现实生活中去或指导过去积累的经验。

合作学习

合作学习法是一种哲学观和互动技巧，主要来源于建构主义者的理论和社会学习理论。合作学习法是学生与其搭档或小组成员进行互动的学习过程，其目的在于对每一个参与个体成员的能力和贡献给予充分的肯定。其特色在于，小组成员既有共同分享胜利果实的权利也有共同承担责任的义务。

合作式学习方法通过要求学习者之间相互讨论的方式来改变课堂的动态。它鼓励学生对课程提出质疑，就教师所认为的学习重点问题提出自己的观点。这种学习方式给学生提供了组织、梳理、详细阐述和践行所学知识的机会，倾听别人观点、提出反对意见以及观点表达与“正确答案”同样重要。此外，在倡导合作式学习这种理念的课堂上，学生是学习活动的主动参与者而不是知识的被动接受者。

为什么采用主动与合作式学习方式

从历史上看，主动与合作式的学习方法一直以来都被许多德高望重的教育家所推崇，这些教育家有苏格拉底、布克·华盛顿、约翰·杜威、保罗·弗莱雷、玛利亚·蒙特梭利，近年来还有霍华德·加德纳。然而，许多美国课堂的教育体制仍然从根本上存在着巨大的风险，学生们总是被要求长期坐在自己座位上，以一种被弗莱雷称作“囤积式教育”的方式学习。在这种教学方法下，教师教而学生被动的接受，教师通晓所有知识而学生一无所知，教师去思考问题而学生被动地不肯动脑，教师讲而学生听，教师选择学习内容而学生只是被动遵从教师的指导，因此教师成为学习过程的主体而学生则是这个过程的客体。

弗莱雷摒弃了这种失掉人性化的囤积式教育方式，提出了一种不同的学习理念。他提出一套以学生为中心的课程，提倡一种多元文化的、民主的、动态的教学法，同时也创造了一种安全的、宽容的、积极主动的学习氛围。他认为教育应当采取合作的方式进行，学生和教师要共同致力于建立一种和谐的教与学的关系。此外，他强调学习者在学习过程中不应当死记硬背所学的知识，而是应当在参与集体活动、进行对话和与他人共同解决问题的过程中不断地构建自己的知识体系。

弗莱雷相信并且有充分理由相信主动与合作式学习法的力量。对各个阶段学校教育的研究表明，当学生在学习过程中有一个中介或者有更多的机会去表达、倾听、分享、互动、反思和参与时，学生能够学到并掌握更多的知识。鲁尔、休斯和施洛斯在1987年做了一项著名的研究，在这项研究中，他们着力探索当学生在课堂上有机会对所学内容表达自己观点的时候，将会产生什么样的学习效果。研究所采取的试验形式是选取两组大学生，让他们以不同的方式学习相同的内容。在试验组内，教师总共教授五节课的内容，在每节课的教学过程中，教师做了三次停顿（每两次停顿之间的时间间隔大约是15分钟），每次停顿给学生两分钟的时间。在这两分钟的时间里，学生与其搭档讨论问题并修改笔记，师生之间没有任何互动。每堂课结束的时候，学生都有3分钟的时间去写下自己在整堂课中所能记住的东西。接下来,12天以后课程结束，学生要参加一项多项选择题形式的测试以此来测验他们的记忆能力。在另一个试验对照组内，学生学习相同的内容并且也参加类似的测试。他们采用这种试验方式，选取了两个独立的课程，进行了两个学期的反复试验，结果证明是一致有效的。研究证明，学习过程中有更多的机会去进行互动和参与的学生，在日常测验和期末考试中表现更出色。事实上，两组学生分数上的差别足以说明是两个不同等级之间的差别。因此，该研究告诉我们，如果教师在课堂上少说一会儿，学生便能多学到一点。这项研究结果似乎有悖常理，因为大多数的教师相信教授的内容越丰富学生学到的就越多，反之则越少。

还有另一个相关研究，在这个研究活动里，医学院的教授们就同一个课题准备了三个版本的讲稿，这三个版本依次按高、中、低密度水平排列。高密度水平讲稿里有90%的内容是新信息，中密度水平讲稿里有70%的内容是新信息，低密度水平讲稿里有50%的内容是新信息。当讲稿没有呈现新信息的时候，他们往往通过重复重要观点、强调材料的重大意义、列举例证以及索取与学生现实生活紧密相关的例子等方式来强化授课内容。最后,15天以后，给学生三种测试方式：预备测试、学后测试和临时测试。

据统计结果显示，新信息容量越低，学生能够学习和掌握的效果越好。在固定的时间内，学生能够学习到的新知识的容量是一定的，超出了这个容量范围我们就不能实现教学目标。换句话说，教师如果只呈现少量的关键性信息，利用课堂剩余时间组织学生参与各种旨在帮助其强化知识的学习活动中去，将会取得较好的教学效果。

以上两个研究表明，如果教师抵制采用以学生为中心的教学法，那么他就是在背离教学目标。不止一个的教师告诉我们，由于受教学标准和教学任务量的限制，他没有足够的时间去采用主动学习教学法。事实上，对于这些教师来说，如果他们想让学生们学习和掌握与日俱增的事实材料、数据、观点和概念，而又不采用主动学习教学法的话，那么他们的教学将不堪重负。

即便是最有趣的课堂,15到20分钟以后也会渐渐地让听众失去注意力。一项著名的信息存留测试研究很好地证明了上述观点，哈特利和戴维斯证明，一堂课刚刚结束时，学生所能回忆起的70%的内容是在整课堂前10分钟的时间段里所获得的,20%的内容是在临下课最后10分钟的时间里获得的。近期越来越多的大脑研究结果也显示，人们对外界信息资源所产生的持续高度注意力最多能保持10分钟甚至更短的时间。同样，为了提高和集中学生的注意力，每天需要给大脑很多次5到20分钟的休息时间。

我们相信此书所介绍的主动与合作式学习教学策略能给教师们提供有力的帮助，指导教师们如何处理休息时间，如何安排课堂上学生内化吸收所学内容的时间。我们也相信这些策略的应用能够创造一种社会文化，这种社会文化对于构建新的知识体系和创设促进学生学习的条件，起到必不可少的作用。当然，更高效的教学并不仅仅得益于主动学习教学法，教师们也从主动与合作教学课堂上受益匪浅。教育工作者们总是抱怨他们没有机会去观察学生学习状况、去深入到学生中去或者没有机会去倾听学生们日常课堂上的“嗡嗡”声。换句话说，许多教师感觉他们不能身体力行地参加到多种教学活动中去，因为他们太过忙于引导和组织学生。然而当教师采用主动与合作式学习教学法时，他们就会有更多的机会去尝试新的角色，承担新的责任。采用这种教学法，教师们不必再长时间地站在讲台上，而是可以自由地参与到与学生们的互动活动中去，可以提问并回答问题，给个别学生或小组进行个别指导，甚至可以退居幕后看着学生进行自我学习评价。

除了教学法方面的意义外，主动与合作式学习教学法使得广大师生越来越享受课堂。教育工作者们透露，当那些习惯了这种学习法的学生们参与小组成员活动或者参加类似活动时，整个课堂的氛围也会随之改变。学生们相互交流的声音越来越大，同学之间也会不自觉地产生互动，课堂上欢声笑语不断，每个学生都有去献计献策和学习的机会。

我们的目标就是希望通过运用这种教学法创造更多的与上文所描述的课堂氛围一样的课堂；我们希望这些教学策略能够帮助教师们更好地适应所有学生的需求，并能帮助教师们创造出更加全纳式的、更具支持力、更有激发力的，也更加快乐的课堂氛围。

第1章　构建班级团队

制作与展示自己的故事

尽管许多著名人物有独特的机会和我们分享他们的自传，然而普通人并没有这样的机会来讲述他们的生活故事。这项活动能够让学生们分享他们的成长经历，与其他同学建立融洽的人际关系。

指导原则

◎ 首先，学生们要单独完成一项工作。让他们拿出一张纸，对折两次，折成原来纸张面积四分之一大小的、类似一本书的形状。

◎ 接下来，让学生们在封面上写下他们故事的标题。为了增加活动的悬念，您可以指导学生选择自己喜欢的一本小说、一首歌曲、一部电影或者一部电视剧的名字作为标题。

◎ 翻开下一页，让学生写下个人档案，包括：

★ 出生日期和出生地

★ 家庭成员（兄弟姐妹人数，昵称）

★ 个人兴趣和爱好，最喜欢的运动

★ 最喜欢的座右铭、成语或笑话

★ 最令人激动的瞬间

★ 特长

◎ 在第三页上，让学生画一幅图画，展现他们完美的一天。

◎ 最后，在最后一页上，学生们要画一幅图画，憧憬他们美好的未来（家庭状况、住哪里、正在做什么）。

◎ 当所有工作完成后，让学生们根据自己的这本“小书”内容给大家讲述自己的故事。教师可以根据班级规模大小，让学生以小组活动的形式分享他们的故事。

◎ 如果可能的话，把这些“小书”收集起来放在班级的一个中心位置，存放一天或一周的时间供学生阅览，以便学生之间更深入地了解。

实 例

◎ 一所高中的法语老师要求高二年级的学生只用高一时所学到的词汇来编写故事，然后同样要求学生仅用一些到目前为止所掌握的法语把自己的故事相互读给同伴听。因此，这种训练不仅是构建班级团队的一种方法，而且也是一种词汇复习法，同时也是一个提高学生谈话技巧的机会。

◎ 有一名小学教师在欢迎一名有多种残疾的班级新成员贝丝时，采用了这种策略来指导“认识自己”这个训练活动。当贝丝的母亲问到是否需要来到班级里给其他班级成员介绍贝丝的能力、优势、个人成长经历和特殊需要等方面信息的时候，这位教师觉得如果能让全班同学也相互了解每个人上述各方面的信息，这将会对大家都有益处。学生们花了一天的时间来为自己的个人介绍册收集信息。在信息的收集过程中，学生们采访家庭成员或朋友，从家里收集物件，填写教师准备的、用来作为头脑风暴工具的调查问卷。之后，他们独立（如需帮助，也可两人一组）完成自己个人信息介绍册的编写工作。学校的社会工作者走进课堂，帮助学生们讲述自己的故事和表达自己的观点。在这段时间里，一位语音和言语治疗师也来到课堂上，教给了贝丝许多新的、与课本紧密相关的语言符号，并且用这些语言符号和一些由其他学生从杂志上撕下来的图片帮助贝丝回答所有必要的问题。学生们采用了两种语言艺术类型来分担他们的工作，并就个人的故事提出问题和回答问题。他们的介绍册最后都摆放在学校图书馆供人们阅览。

◎ 一名高中心理学教师在课堂上采用了“制作与展示自己的故事”这个活动，给学生机会去分享个人信息和强化课上学习的重要概念。他要求学生的个人介绍册需要包含以下信息：

★ 姓名

★ 出生地

★ 家庭成员信息

★ 个人爱好，最喜欢的运动

★ 最喜欢的网站

★ 最感兴趣的科学家

信息里还需要包含由教师所实施的学生本人的性格测验结果。学生们可以从某些方面来阐释这些结果，也可以以叙述的形式做一个总结。最后，学生们需要与指定的搭档轮流分享他们的故事。

参与度最大化法则

◎ 给学生们讲述和分享你自己的故事：给学生们展示一个主要介绍你自己的家庭状况、兴趣爱好和个人梦想的故事书范本。如果你现在是与年幼的孩子们一起工作学习，并且你想采用这个策略来讲授多样性、个体性或团体这些概念，你可以邀请其他的成年人走进课堂讲述他们自己的故事，这样学生们就能看到和听到更多不同的设计到性别、性认同、家庭结构、文化和种族背景等各方面的故事。

◎ 在学生们完成这项活动之前给他们一个头脑风暴工作单，有些学生将需要时间和策略指导来组织答案。

◎ 这项活动对于那些本身是新移民的学生或者那些刚刚进入一个新学校想要更多地展示他们的家庭和文化的学生们来说，可能是一个绝佳的机会。不妨考虑一下，也让这些学习者从家里带来一到两件物品与大家分享，并以此作为一种丰富他们的故事或更进一步讲述他们生活经历的方法。这种展示家庭实物的方法，或许对那些在书面文字交流方面存在重大缺陷的学生来说是很有帮助的。

◎ 有些学生在编写个人介绍册的时候可能会需要不同的材料。如果有学生存在一些小的运动神经方面的问题，不能很好地绘画和书写，那么我们可以为其提供一些杂志图片、橡皮图章和剪贴画，帮助他们编写自己的故事。

◎ 教师们可能想知道当我们设计一些提示性语言的时候，学生如何才能很好地相互了解。在一起学习了多年的学生们对于彼此的基本信息都很了解，或许他们更有兴趣去收集关于同班同学们的一些更深层次的信息，例如他们最尴尬的时刻、他们的家庭传统或者他们的旅行经历。

课堂应用心得

____

____

____

____

____

____

制作小组成就简历

简历描述的是个人的成就，而“制作小组成就简历”强调的是整个团队的业绩，要求学生去构建一个集体形象是一种可以加强反思和自我评价的有趣而高效的方法。制作小组成就简历是一种方便快捷的团队构建策略，学生们之间不仅可以相互了解，而且或许还可以更好地了解自己。

制作小组成就简历这项活动不仅可以指引着学生把班级作为教学活动的核心，而且还可以帮助所有的学习者理解所学的知识。制作小组成就简历可以很笼统也可以很具体，制作小组简历这项活动可以在新学年教学活动之初采用，也可以在每个单元结尾进行单元总结时采用。

指导原则

◎ 给学生们解释清楚，他们的班级里面有许多具有不同的才能、经历、天赋和兴趣爱好的学生。

◎ 把学生们分成各个活动小组，给每一小组分发记录纸、新闻用纸和彩色标签。

◎ 要求每一组准备一份集体简历来宣传他们的业绩。

◎ 给各组时间，待其完成制作简历的任务后，邀请各组把简历展示给全班同学。

◎ 可以把这些简历张榜公布一天（或一周或者一年），以便让其他人了解这个班级学生所学的知识和表现出来的能力。

实 例

在一所高中的美术课上，老师让学生通过做制作小组成就简历的方式来进行学年总结（参看表1.1）。教师指导学生们特别关注整学年学到了什么样的技能，获得了什么样的能力，从课堂讨论中记住了哪些信息。有一个由年轻女士组成的小组，她们在整学年的学习过程中对印象派艺术渐渐产生了浓厚的兴趣，她们给小组简历取名为“给人留下印象的女人”。

表1.1 小组简历实例

给人留下印象的女人

克瑞西、南希、珍、凯纳、吉米和卡迪娅

综合素质

◎ 熟悉印象主义理论

◎ 能够比较/对比印象主义、现实主义和立体主义

◎ 能够比较印象派画家的风格（尤其是雷诺阿、莫奈、马奈和德加）

◎ 已经拜读了卡萨特和塞尚的自传

◎ 已经游览了几家艺术博物馆包括芝加哥艺术学院

◎ 已经成功地修完六所高中的美术课

知识技能

◎ 水彩画

◎ 雕塑（木雕和泥雕）

◎ 家具喷漆

◎ 图案拼贴

◎ 折纸手工

◎ 印刷

其他技能

◎ 手语

◎ 木雕

◎ 顿足爵士舞

◎ 写诗

◎ 文字处理

◎ 珠状首饰制作

◎ 缝纫和服装设计

◎ 电影动画制作

◎ 会唱《窈窕淑女》这部电影中的所有歌曲

兴趣爱好

◎ 读书、看经典老电影、听音乐（尤其是电影原声音乐）、去游乐园、空手道

参与度最大化法则

为了确保所有的学生都能参与活动，教师应当在如何从同伴那里提取信息这个方面给学生们提供一些方法。教师可以给学生们示范如

何在相互之间做非正式的采访，如何提出一些让组内每一个成员都能参与回答的问题。例如，如果一个学生声称自己不能想出任何观点和看法来补充说明，或者他没有可靠的富有表现力的观点来交流，小组内其他成员可以首先分享他们的观点，或者给这名学生时间让他在教室里四处走动从其他小组那里获取意见，或者让他用画图的方式表达自己的观点而不是用语言表述。

◎ 在小组活动中，让学生们在汇编小组简历之前，首先提出一系列问题并相互之间进行循环采访。

◎ 如果制作一份传统简历对一些学生来说具有一定挑战性的话，教师可以允许学生做一个视频或音频形式的简历。然而，需要提醒学生注意的是，即便是采取这些不同形式的简历，他们也要做到条理清晰、简洁明了。

◎ 允许学生们浏览求职簿或上网搜索简历模板，这将会在信息分类和内容编排方面给学生们提供帮助。

课堂应用心得

____

____

____

____

____

“以物代物”的教学游戏

“以物代物”这个活动将会使你想到在即兴喜剧表演中常用的一个小游戏。这个教学策略确实能帮助学生思维敏捷迅速作答，能把乐趣和欢乐注入课堂，同时还能鼓励学生在组员面前尝试一下小小的冒险活动。

指导原则

◎ 首先教师在讲台上放一个物体然后问大家：“这是什么？”

◎ 然后鼓励学生到讲台上来把这个物体换成与本节课内容相关的物体。他可以告诉大家自己正在做什么，目前正如何使用这个物体，或者可以用更加隐晦的方式来表现，学生们可以大声地呼喊来猜测。该活动唯一的法则是学生们需要等到台上的学生将该物体放下后，才能轮换下一名学生上台。

◎ 需要提醒学生们的是，每一个场景或事物每次只能有一个人上台把它表现出来。

◎ 为了继续追踪所学内容，教师可以给出关于这些场景的附加信息或者要求学生们确立一些与这些场景一致的实际问题。

实　例

一名高中历史老师给全班学生展示了一卷纸巾，然后告诉学生们要通过玩“以物代物”的游戏来复习课本内容。因此，学生们需要以各种各样的方式利用这卷纸巾来帮助他们复习美国内战这个单元的内容。首先，这位老师给学生们一次机会去浏览课本内容，并且让他们三人为一组进行头脑风暴活动。之后，他提问了几名自愿发言者。第一位学生走上前来，把一部分纸巾伸开铺平并假装是在阅读《解放黑奴宣言》。第二个学生则把纸巾卷放在头上作为林肯的大礼帽，并且假装正在安提塔姆战役中的一个军营与广大士兵亲切握手。而老师则紧随这个滑稽的林肯总统形象，对这位美国前总统的政治信仰做了一个总结。

参与度最大化法则

◎ 让学生们组成学习小组，经过一段时间的准备后，请每一组到前台来给大家表现一个场景或事物。这个活动对那些无法用语言进行交流或行动不便的学生具有特别有效的帮助作用。

◎ 给学生们展示一个物体，在请他们单独上台把该物体表演出来之前，先让他们开动脑筋、集思广益以寻找能表达该物体意义的各种观点。

◎ 对于那些有阅读学习障碍的学生或者任何需要进行阅读理解练习训练的学生，教师可以稍微改变一下这项教学活动的顺序。给上述这些特殊学生一点时间，让他们阅读一篇与本节课教学内容相关的文章，同时给他们强调一下重要概念和重点词汇，然后让他们给全班同学朗读这些强调的重点。接下来，学生们可以自己或者全班一起从教室里搜寻能够展现这些重要概念意义的物体。

课堂应用心得

找到并解决我们的问题

“找到并解决我们的问题”活动，是一个集体成员共同进行问题解决活动的过程，这个过程可以使每个成员去思考实际存在的问题，并且去理解他人的经验。该活动可以帮助教师培养学生们分享经验、共担责任的意识，也可以促进学生们对现有问题提出具有建设性意义的解决方案。

指导原则

◎ 这个活动要求每一个学生以匿名的方式，在纸上写下一个问题的答案、一种情况介绍或一个问题的阐述（例如，描述一个近来令你感到很受排挤的情形）。

◎ 待学生写完后，按照四到六人为一组的标准把学生们分成各个活动小组（如果时间允许可以分成更大的活动组），命令学生把自己的纸片折叠好放在各小组桌子的中间。为了达到更好的匿名效果，可以把这些纸张放在一个容器里。

◎ 告诉每个学生从中抽取一张非本人写的纸片，读一下上面的内容，然后思考一下各种可能的回答。

◎ 接下来，每次选一名学生，让他们像是读自己的问题一样去读一下手里拿到的问题，并让他们用一分钟的时间谈论一下如何处理这个问题。

◎ 待学生们读完问题后，告诉学生他们应当再用两分钟的时间去展开讨论以便获取新观点。

◎ 之后，让所有学生讨论一下他们对此项活动的过程感觉如何，他们感觉什么样的观点有用，在其他情况下运用这个活动过程的方法有哪些。

实　例

◎ 在一所高中里，教师、管理人员和咨询顾问采用这种策略为学生们创建了一个论坛，学生可以在该论坛里就学校安全问题、各种困扰烦恼、公平对待问题和其他有关问题畅谈己见。

◎ 一支初一年级的教师队伍采用这种活动策略组建了一个小组，这个小组的同事们都很有思想且致力于解决各种与全纳式教学相关的问题。这支教育队伍创设各种实际的问题供学生随意选择。例如：

★ 安吉拉不能融入到七年级才艺表演秀活动中。她甚至对此项活动一无所知，没有人认为她有才艺。我们如何改变这种状况呢?

★ 吃午饭的时候，萨拉独自一人使用一张饭桌，身边仅有一名陪护，其他同学都不与她同席而坐，她看起来似乎很孤独。我们如何改变这种状况呢?

找到解决问题的方案后，学生们会在教师的指导下实施他们的办法。

参与度最大化法则

◎ 这项活动要求学生积极参与、自发响应来更新信息。如果许多心智不健全或者丧失学习能力的学生不能现场给出有关问题的解决方案，那么教师可以改变活动时间和活动进程以便使学生参与度达到最大化。例如，教师可以提前给出问题作为对策研讨会的主题；学生们可以在会议前一天对该问题进行思考形成自己的解决方案，或者在会前把自己的方案口述给同学或其他长辈听。

◎ 对于一个不能就有关问题给出解决方案的学生，教师可以指派他挑选一些问题读一下，然后让他选一名同学回答这些问题。对于这个学生来说，该活动的主题目标就是阅读和交流。

◎ 为促进学生们参与活动，教师应当考虑使用一些辅助科技，例如，一个患有多重残疾的学生可以用一个独立的开关和一台录音机来

图1.1　全方位旋转器

记录学生们提问的问题。用开关操控录音机，把每一个问题通过录音机在小组内大声地朗读出来。另一款实用的科技产品就是一个全方位旋转器（见图1.1）。班级里所有学生的相片都被存储在这个旋转器里，残疾学生可以用开关进行旋转，随意挑选学生回答上面呈现的问题。

课堂应用心得

____

____

____

____

____

____

____

____

____

____

传递赞美词活动

即便是高中毕业10年、20年甚至是50年后，大多数的成年人仍然对自己孩提时或少年时所遭受的取笑、愚弄或羞辱记忆犹新。对于大多数人来说，这种经历是个人成长历程或者孩提生活的一部分。

指导原则

◎ 传递赞美词活动就像许多人小时候玩过的一个古老的打电话游戏。首先问一下学生们是否知道这个游戏，如果有些学生知道，让其中的一两个学生给大家简要地介绍一下游戏规则。然后，告诉学生们他们将要玩一个这种类型的游戏。

◎ 首先指导所有的学生想一个自己喜欢的词来赞美坐在他们身后的同学。

◎ 每行的第一个学生首先开始游戏，转身轻声告诉其后面第二个学生他的赞美词（如“我觉得你很有创造力”）。

◎ 第二个学生转身向第三名学生重述第一个学生的赞美词以及自己对第三名学生的赞美词（“我觉得你很有创造力、很有趣”）。

◎ 第三名学生以同样的方式给第四名学生陈述，活动依次类推。

◎ 等各行学生的活动结束时，教师要求每行最后一名学生重述整行学生所有的赞美词（“我觉得你很有创造力、很有趣、很独立、是个优秀的漫画家、很勇敢……”）。

◎ 最后，各小组成员要让大家知道，是否他们所有的信息都得到了传达，在传达过程中是否有被遗漏掉的信息。

实　例

一位四年级学生的教师采用这种活动结束了周五下午的课程。学生们围坐成一个个小圆圈依次传递赞美词直到每一个都给出并得到了一个赞美词。太笼统的话（例如“我觉得你很好”）不允许使用，此外，教师鼓励学生们用一个特别的词来描述那个特殊的一周（例如“你的口头报告真很了不起，很别出心裁”）。

另一个活动版本

在一天或者一周学习活动开始或结束的时候，从班里选出一到两名学生并让五名同班同学对他们进行赞美，可以对他们进行总体的赞美或者就某一点进行赞美，例如老师可以读一篇某个学生写的故事，让学生们指出该故事五个方面的优点（“题目新颖”、“结尾出人意料”、“楼梯间那段故事扣人心弦”、“形容词用词恰当”、“对高尔夫球场的描述详尽细致”）。

参与度最大化法则

◎ 帮助所有的学生了解什么是赞美，赞美词听起来是什么样的，一种好的赞美包括什么。一些学生通常没有相互分享赞美这方面信息的训练，为了给学生提供更多的练习机会，老师可以通过让学生对自己小组进行赞美的方式（如“这一周我们创作了一首好诗”）来开始或结束一天或者一堂课的学习活动。

◎ 邀请学校心理老师或者社会工作者共同参与该教学活动。一些学生（尤其是那些有自闭症的、有心理问题的或者有特定学习障碍的学生）可以得到老师的指导或支持来提高他们的社交技能。邀请学校其他的专业人员融入课堂，可让学生们认识到合作与协作是全校人员共同的事。

◎ 制作一个“谢谢夸奖”的海报始终贴在班里。在这张海报上，列出一些赞美别人时常用到的词汇或短语（例如，“你确实很善于______”，“你总是在_____有许多真知灼见”）。这些语言不仅可以为那些绞尽脑汁去思考意味深长的赞美词的学生，而且还可以帮助那些有情绪障碍的学生（或者其他人）保持积极的心态，进行自我反思和真诚待人。

课堂应用心得

____

____

____

____

____

“辨别真假”教学活动

“辨别真假”教学活动很有趣很有激励作用，它可以被纳入课堂教学作为一个让学生“认识自己”的活动，可以作为培养学生创造力和合作能力而进行的一周一次的训练活动，可以作为一节预习课或者复习课，或者作为一种吸引学生融入学习内容的手段。为了鼓励学生们谈论在某些方面与课程相关的内容，教师可以让学生们进行总体的谈论或者就某些特定的话题进行谈论。

指导原则

◎ 指导学生们在纸上随便写出三种陈述，其中必须有两个是事实，一个是假象（见表1.2）。

◎ 然后把学生分成两人一组或者几个小组，让他们读出自己的陈述，并且请搭档或者小组其他成员猜测哪些是谎言哪些是事实。

◎ 如果时间允许，让学生们分享与这些事实或谎言相关的故事。

实　例

◎ 有一位小学三年级的教师，她的班里有许多来自当地游民收容所的学生，她在自己整学年的教学活动中多次采用“辨别真假”教学活动，来鼓励学生与别的同学分享自己的信息和了解班级其他同学。

因为在整个学年中，随着一些家庭搬进或搬出收容所，她也经常收到或失去一些学生，她发现这个活动能给学生们机会去更好地相互了解，尤其是能给新来的学生们机会去和大家分享一些他们自己的乐事，尽管这些学生已经错过了九月份刚开学时的“认识自己”活动。

这个富有创造力的老师还在对学生学业方面和社交方面的训练上采用这种活动。当她的学生不愿意去尝试新事物或者冒险一试的时候，她会轻声地提醒这些学生如果他们完成任务或挑战，那么在“辨别真假”教学活动中他们可以将这些新知识和这次分享机会列入到他们的新事实里。例如，有一次她的一名学生在体育课上拒绝尝试进行简单的平衡木技能训练，她就提醒该学生如果他敢于冒险尝试这项技能训练，那么他就可以自夸是体操运动员。另外一个学生在这位老师的鼓励之下参加了一个当地绘画比赛，老师提醒她说在下次的“辨别真假”教学活动中她就可以称自己为“本土艺术家”了，因为她的作品已经在当地社区咖啡店里展出过了。

◎ 一位高中美术老师要求学生们选择一个美国画家进行研究作为期末研究课题。为了鼓励学生们以更有趣的方式进行研究，他要求学生迅速地从网上搜索已分配给他们的画家信息，然后写出有关该画家的事实与假象。有一个名叫马克的学生，被指定搜索的画家是杰克逊 · 波洛克，他写道 :“他是抽象表现主义运动的中坚力量”，“他的绘画风格被称为是立体派”，“对其具有影响力的人之一是迭戈 · 里维拉”。接下来学生们以小组的形式进行“辨别真假”教学活动，在迈克的小组里有三个学生指出波洛克不是立体派画家。这位美术老师指出，这个活动不但能使学生们迅速地展开研究，而且还能指导学生学习或者帮助学生浏览他们之前没有具体研究过的画家的相关信息。

表1.2 “辨别真假”教学活动工作单

姓名＿＿＿＿＿＿＿＿＿＿＿＿＿＿＿＿＿＿

辨别真假

在每一个方框内写一个“事实”。其中必须有两个是真实的，有一个是假的。

1.

2.

3.

另一个活动版本

让学生们在纸片上写出三个关于自己的陈述，这三个陈述必须是别人不知道的或者不能猜出来的。然后把所有的纸片收集起来放在一个帽子里，让学生们一张接一张地抽出来然后猜测其作者。经过一些猜测后，真正的作者要举手示意或者自报家门。

参与度最大化法则

◎ 如果在整学年教学中教师举行了多次这样的活动，学生们或许会乐意尝试不同的要求。例如，教师可以让学生们写出一个事实，一个假象和一个心愿。

◎ 在某些情况下，给学生们时间去思考一下他们的生活对活动的开展很有帮助。给他们提供一些特别的观点去探究，例如“你应经取得的五项成就是什么”、“列出你曾经经历过的三次最惊险的事情”或者“让你的家庭独一无二的秘诀是什么”。这些将会给那些不能迅速思考并写出那三种陈述的学生们提供一些建议。

◎ 有些学生由于在交流技巧、记忆能力和其他学习能力方面存在困难，他们在想出三件能与大家分享的事情的过程中或许会感到很费劲。教师可以鼓励这些学生与他们的家庭成员一起来写这三个“陈述”，或者由教师或言语治疗家帮助他们完成“辨别真假”这项教学活动，老师和言语治疗家可以帮助并直接指导他们区别事实和假象。

课堂应用心得

 寻找与同学的共同点

学生们通过该活动将会有机会在班级里见证“世界真小”是什么样的情景。“寻找与同学的共同点”这个旨在构建团队的活动要求学生们想出一些自身与众不同的性格特点和能把自己与其他同学紧密联系在一起的品质。

对于那些正致力于把某些不同群体的学生介绍给全校学生认识的学校来说，这是一个特别有用的方法。例如，如果学校刚刚接纳了一批来自另一所学校的学生，或几个残疾学生，或一些具有不同文化背景的学生，或者之前没有一起工作学习过的学生，教师们可以采用这个活动来帮助学生们之间迅速建立联系。

指导原则

◎ 游戏开始前，让学生们自己找一名搭档，并和搭档一起列出一个至少包含他们之间五个共同点的清单。例如：

★ 最喜欢的甜点

★ 生日

★ 兄弟姐妹人数

★ 所穿袜子的颜色

★ 最喜欢的餐馆

★ 或其他任何共同点

◎ 待第一个清单列写完后，学生们需要和其搭档分开，在教室里四处走动寻找另一个搭档，学生们要与新搭档坐在一起共同列另外五个新的共同点。

◎ 让学生们重复一到两次这种活动，以便能与班里大多数的人一起列出共同点清单（见表1.3）。

◎ 等学生们完成与几个搭档的所有工作后，让学生们回到自己的座位上然后讨论一下从这个活动练习中学到了什么。

★ 你从同班同学身上学到了什么？

★ 你从自己身上学到了什么？

★ 你从我们这个班集体中学到了什么？

实　例

某学校一位四年级的教师在开学第一天采用了“寻找与同学的共同点”这个活动以便使她班里所有的学生都能够更好的相互了解。尽管大多数的学生在进入新班集体之前在这个小学校里一起学习了至少已有三年的时间，但是还有一些学生完全是该校的新成员，由于当地市区新规划关闭了原来一所独立的特殊教育学校，他们把那些残疾学生转入到了这个邻居、兄弟姐妹和同龄伙伴学习的学校里。在活动进行的过程中，许多认为相互已经很了解的学生意识到他们对于和自己一起学习生活了很多年的同学还有很多不了解的地方。同样的，他们也认识到和那些初次见面的残疾学生们也有很多共同点。例如，理查德，一个患有脑瘫的男孩，和他的同学劳尔发觉两人都曾经住过院，两人都有三个兄弟姐妹，都出生在墨西哥，并且最喜欢的玩具也相同。

参与度最大化法则

◎ 如果有些学生不了解“寻找与同学的共同点”这句话，教师要给这些学生们解释一下，并且请几个学生分享一下他们“寻找与同学的共同点”方面的经历。

◎ 对于那些在寻找共同点方面很费劲的学生，教师要提供一些可能用到的参考项，可以让你的部分学生或全部学生使用图1.4或者你所给出的图表。

◎ 教师要在教室里四处走动帮助那些在活动进展过程中被难住的学生小组，给他们提供一些新的共同点参考项或者鼓励他们去倾听一下其他小组的意见。对于那些有语音和语言障碍的学生或者有语用交际问题的学生，教师需要给他们示范两个学生之间“问与答”的模式来帮助他们发现共同点。例如，教师在引导两学生之间互动时可以这样说：“明迪我发觉你喜欢骑马，不妨这样问一下朱莉：‘朱莉，我喜欢骑马，你呢？’”此外，教师也可以用一些在学校里和学生们共同经历过的事情来唤起大家对这些事情的回忆作为寻找共同点的源泉。例如，教师可以大声地提醒学生们班里有六位同学参加了学校组织的滑雪旅行。

表1.3 “寻找与同学的共同点”工作表

姓名________________________

寻找与同学的共同点

与搭档一起完成表格。可以写出答案或者用图画标示，或者两者并用，当你与搭档有共同项时在相应选项处打“√”

姓名__________姓名__________在共同项处打“√”

最喜欢的甜点		最喜欢的甜点		
最喜欢的颜色		最喜欢的颜色		
所穿鞋子的款式		所穿鞋子的款式		
生日月份		生日月份		
最喜欢的餐馆		最喜欢的餐馆		
出生地		出生地		
兄弟姐妹数		兄弟姐妹数		
__________ __________		__________ __________		

课堂应用心得

制定自己的座右铭

许多团体都有自己的主题、口号和座右铭，来增强团队凝聚力、进行宣传或实现共同目标。在这个活动里，学生们将学习创造自己的座右铭以此作为组建团队和表达共同信仰的一个方法。

指导原则

◎ 首先让学生们讨论一下什么是座右铭，团队和个人为什么需要座右铭（例如，“为了增进团结”，“为了提升团队信念”），然后让各个小组去创造一个自己小组的座右铭以便能够体现他们的价值观、信仰和学习目标。

◎ 帮助学生集思广益并分享一些著名组织的座右铭，例如：

★“时刻准备着”（女童子军）

★“相互服务”（红十字会）

★“永远忠诚”（美国海军陆战队）

★“品质、勇气、忠诚”（美国少年棒球联合会）

◎ 学生个人或各小组给全班展示他们的座右铭，必要的时候可以进行讨论。教师可以根据本节课的教学目标或教学目的，让学生们去创造具有特定具体含义的座右铭或者给学生们更开放的创作空间。

活动实施技巧

因为对于学生们来说在很短的时间内想出一个座右铭是相当容易的，你可能想要教学生们如何进行头脑风暴，并且要求学生在从一系列备选项中选出自己的座右铭之前一定要在规定的时间内完成头脑风暴活动。教师要提醒学生们注意在头脑风暴的时候“百无禁忌”，其目的是想出一系列可能符合的座右铭（而不是一个完美的答案）。

实 例

◎ 一个七年级的社会学教师在新学年开始的时候使用座右铭帮助学生团结起来组成学习小组。他要求各小组制定一个座右铭，该座右铭要代表他们对学习历史所持的观点。各小组的座右铭从风趣幽默的“学习它你将是游戏竞赛的赢家”到严肃谨慎的“以史为鉴——推动前进的重要之举”，多种多样，他还用此活动让学生对所学内容进行批判性的思考。在第二次世界大战那个单元里，他给每个学习小组指定了一个国家，让各小组分别给该国家制定一个有潜在意义的民族格言。要求各小组用30分钟的时间去提出一些表述，然后选取其中最能代表该国家在20世纪30年代末到40年代初这段时间里的奋斗历程、民族立场和伟大行动的格言。对于美国，其学习小组给出了这样的格言：“为保卫世界民主而战”；而对于德国，其学习小组想出了这样一个口号："一个全球性的德国"。

◎ 三年级某个班的学生们在学习社团这个单元的时候，都为自己的学习小组制定了座右铭，并精心制作成条幅悬挂在教室里。提艾拉，一个患有严重肢体运动功能异常的学生，不能够在小组的条幅制作过程中出一份力，因为肢体行动上的障碍使得她几乎不能画任何东西。在她的这个小组里，同学们采用了微软办公软件——幻灯片这种方式来共同制作条幅（见图1.2）。制作材料的改变使得提艾拉能够通过开关选取图片，确定图片在条幅上的位置，也使得她实现个人目标成为可能，那就是能独立地打开电脑并输入自己的姓名进行签名。

图 1.2　用幻灯片制作条幅

参与度最大化法则

◎ 教师要让学生们列出一系列个人观点或者价值观和信仰，以此作为这个活动的准备工作。如果某些学生在这个抽象思考活动方面需要帮助，教师可以把这个任务布置成家庭作业，让学生们与其搭档或者家庭成员进行讨论。

◎ 让学生们从网上搜索一些座右铭以便了解不同的团体是如何用简单的几个字来传达他们的价值观和使命的；教师也可以鼓励学生们去搜寻他们所在州的格言，或者那些在他们国家很受欢迎的宗教团体、娱乐团体或政治团体的格言，或者是他们个人比较关心的团体的格言。

◎ 让学生们从字典里查一下“座右铭”这个词以便对该词的意义有更具体的理解。

课堂应用心得

____

____

____

____

____

____

____

“上前一步”表认同

“上前一步”活动是一种对学生及其信仰、态度、知识和观点进行视觉评价的方式，也是一种不需要任何言语交流便能够获知所有人意见的有效方式。因此，如果班里有一个或更多言语障碍的学生或者不能进行实际交流的学生，那么这个策略则是一个鼓励学生们参与班级活动的好方法。

指导原则

◎ 首先让所有的学生在教室后面站成一排。

◎ 就学生们所了解的一种信仰、一个观点、一种态度或一些知识做一个陈述，指导学生如果他们对这个陈述持肯定态度或者这个陈述与他们自身状况相符，那么他们就要“上前一步”。例如，如果教师说“我是女性”，那么班里所有的女孩都要上前一步，而所有的男孩则要待在原地不动。

◎ 第一次挪动结束后，教师将做第二个陈述。同样，如果该陈述与学生实际状况相符，那么他们将向前挪动一步。可能用到的陈述如下：

★ 我是家里最大的孩子。

★ 我12岁。

★ 我有一个宠物。

★ 我穿的是蓝色牛仔裤。

★ 我是素食主义者。

◎ 陈述也可以与课堂内容有关，例如：

★ 我能说出所有的行星。

★ 在电影《杀死一只知更鸟》这部电影中我最喜欢的人物是斯各特。

★ 我出生在美国中西部。

★ 我能说出一项田径运动项目。

◎ 当第一个学生或第一批学生越过终点线的时候，学生们可以对某些关于这些陈述的回答和回应进行讨论。

实 例

一位高中几何老师用这个活动带领学生们上了一节期末复习课，所有的陈述都与课堂内容有关。

★ 我知道直角和锐角的区别。

★ 我知道勾股定理。

★ 我可以平分一个角。

★ 我能算出平行四边形的面积。

★ 我知道几何学的意义。

★ 我能说出一个与几何学有关的职业。

在整个活动的每一步过程中，老师都会叫几位学生与大家分享他们的答案并给其余学生做一个微型课来进行讲解。当只有三个学生向前挪动一步并且称他们知道勾股定理的时候，老师便请这三位同学到讲台上来，让其余的学生原地就坐在地板上，请这三位学生在黑板上给大家讲解这个勾股定理的概念，接下来老师让大家站起来并给他们重新陈述“我知道勾股定理”让大家做出回应，直到所有的学生都能向前挪动一步的时候，再继续下一步游戏。

上述活动中所有的陈述都是由一名因疾病请了好几周假的学生写的。这名学生返校后的第一个任务就是复习自己已经落下的学习内容并且提出一些与这些陌生内容相关的问题。通过给这名男孩指定任务，老师给他创造了一种轻松愉悦的方式去重新投入到学习中去，并给他提供了从同学那里获得帮助的机会。

参与度最大化法则

◎ 如果有的学生需要参看陈述的话，教师可以把这些陈述都在黑板上列出来。或者在活动之前让所有的学生把可能用到的陈述都写到黑板上，在活动过程中从中选择一些来用。

◎ 使陈述多样化一些，以便让那些拥有不同类型知识和专业技能的学生们都有机会参与活动。例如，教师可以采用几个与课本内容相关的陈述（如，我知道__________与__________的区别，我能说出关于__________的三个事实），和另外几个与学生学习成就、学习态度或者个人目标相关的陈述（如，我学到了比自己预期的更多的知识，在这一单元里我达到了个人目标，昨天我本来可以更努力的学习）。

◎ 在允许学生向前挪动一步之前，给学生一点“转身讨论”的时间与其搭档或者临近的同学讨论一下刚刚那个陈述。通过这种方式，学生们可以提问和回答问题（如果有些学生对于有的陈述感到迷惑不解，这个方法就会发挥作用），并且能在整个活动中做出个人回应。

课堂应用心得

故事接龙学知识

每个人都喜欢听好的故事。“故事接龙学知识”活动是帮助学生体会新概念、新观点和新词语的一个有趣的方法，也是帮助那些有创造性思维的学生进行写作训练的好方法。此外，它还可以帮助学生们编排故事情节、编写故事细节、创造描述性语言和润色故事开头和结尾。

指导原则

◎ 教师在活动开始时要在黑板上列出几个参考项。例如：

★ 最喜欢的书中人物

★ 动物

★ 班里的同学

★ 你收到的礼物

★ 最经常做的家务

◎ 列出参考项以后，让学生就各项列出恰当的内容并将其写在黑板上。例如，在“最喜欢的书中人物”这一栏里，学生可以写斯克鲁奇、戈笛洛克斯或哈利·波特。

◎ 接下来学生们负责将这些观点或条目编成一个故事。

◎ 故事要以“从前……”开头然后让一名学生接下一句，这个活动的目的就是让故事尽可能多地融合之前所列出来的条目。因此，学生可以吸收上述参考项里的有关内容，这样往下接老师给出的句子："当斯克鲁奇看见一个美丽的女孩穿过房间的时候，他正在玩给驴安尾巴的游戏。"

◎ 教师要提醒学生们注意每人每次只能把故事往下接一句。等班里所有的学生对该故事至少都接过一句的时候，老师才可以选择结束这个故事或者让大家再轮流对该故事往下接一到两次。

实 例

◎ 一位说明文写作老师在教导学生如何在写作中避免使用俗语或者陈词滥调之后，把她的学生分成了四人一组的学习小组，给每组一台录音机。之后她告诉学生们可以任意编一个故事，但是他们必须用上至少十二个陈旧过时的词语。她这样给故事开头："我拼命地工作着，感到很高兴，当我看到约翰穿过广场的时候，他正怒气冲天……"

◎ 一位五年级的老师非常有兴趣地想知道她的学生对目前一直学习的美国国家概况已经掌握了哪些知识，她要求学生们用以下所列的材料来讲述一个完整的故事。

★ 美国的一条河流

★ 美国的一个象征（例如鹰、国旗、自由女神雕像）

★ 美国中西部的一个州

★ 一个著名的美国地标

★ 美国的一位总统

为了增加写作难度，对那些具有较强语言功底和表达能力的学生们，老师可以要求在轮到他们讲述时要用到明喻、暗喻等修辞法或给出一个拟声词的例子。

参与度最大化法则

◎ 许多文化都是人们用一种古老的讲故事的方式传递给下一代的。在某些情况下，杰出的讲故事者会借助身势语或改变语音语调来强调故事情节。为了引起知觉学习者的兴趣，教师不妨考虑给学生们介绍一下身势语或者其他形式的讲故事的方法，让学生们参加讲故事这项活动的时候使用这些方法。

◎ 为了使该活动更有挑战性以满足那些需要丰富学习内容的学生们的需求，教师可以选择增加任务要求的方式，例如在故事的结尾，你必须：

★ 包含至少四个来自本单元的生词

★ 与大家分享至少三个上一章里学过的知识点

★ 从昨天课堂内容里整合三个事实

◎ 如果有必要的话，允许一些学生采用其他的交际方式来参与活动。例如，一些学生可能在讲故事的时候想要用哑剧的方式，另一些学生可能需要用一些代表人物、事件和观点的卡片。如果这些表现方式有必要应用的话，其他的学习成员就要共同努力去解释其代表的意义，并将其融合到故事里去。

◎ 教师在列出学生故事中需要包括的一系列项目后，暂时停止活动，给学生们一些时间去搜集想法并将某些观点在纸上粗略地记下来，有的学生甚至可能需要做一个备忘单来记录每一项要求回答的内容。

◎ 如果班里某个学生具有严重的认知障碍或交际障碍，教师可以让这个学生从三张或更多的卡片中选取一张，把上面的内容作为一个故事的开头。每张卡片上都有一句话，这句话可以被放在整个故事的任何地方（例如，“之后出人意料的事情发生了”）。其他卡片可以用来开始一个故事（例如，“从前，有一个奇怪的小男孩”）。卡片的内容可以由其他学生或老师来阐述和编写。

课堂应用心得

____

____

____

____

____

____

____

____

第2章 课堂里的教与学

制作知识图表平面

尽管教师们在日常教学中总会用公告板、画板、黑板等来展示重要信息，他们却常常忘记去使用教室的地板这片未开发的画布。教室的入口处、从教室门口到学生课桌间的通道甚至学生课桌下面的地面砖，都可以贴上或写上能够促进学生们学习的图片、文字和概念。教师可以绘制一些图表去教授各种概念，例如科学方法、二项方程解题步骤或者企业计划的组成等。这种教学方式对于视觉学习者或者动觉学习者特别有用。

指导原则

◎ 为了准备此项活动，教师（或学生）需要要在纸上设计一个流程图（□ → □ → □ → □ → □）或一条系列事件发展链，然后把每一个方框分别贴在一张张独立的硬纸板或包装纸上。

◎ 把这些纸板在教室地面上摆成图案以便帮助教师进行概念讲解。如果教师讲述的内容是一个事件年代表（例如十字军东征大事年表），那么可以把图片摆成一条直线，但如果内容是一种循环式的（例如碳循环），那么教师则可以把图片摆成一个圆圈或者其他任何的能够有助于学生理解和记忆所学概念的形状。

◎ 每天或者每次上课，当学生进入教室走到贴有这些概念的地方时，教师要让所有的学生停下来从这些图片上按顺序走一遍。

◎ 让学生们每走过一步时都要解释一下脚下所经过的图片内容，或者仅仅让学生们大声地朗读一下每张图片上的信息。教师可以让学生们在一周或一个月内从这个流程图上走一次或者几次。

实　例

◎ 一位五年级教师采用了“制作知识图表平面”这个活动帮助学生们记忆美国民权运动里的重大事件（见表2.1）。每天学生们出入教室的时候，都被要求按顺序从有关该事件的每一幅图片上走一遍，并且还要将各幅图片上的内容大声地朗读出来。

◎ 一位九年级健康学教师采用了“制作知识图表平面”这种活动给学生们讲授心肺复苏术的基本步骤。在第一节新授课上，她让学生们用了20分钟的时间来反复地操练这个活动。在接下来的一学年教

表2.1 “制作知识图表平面”大事年表示例

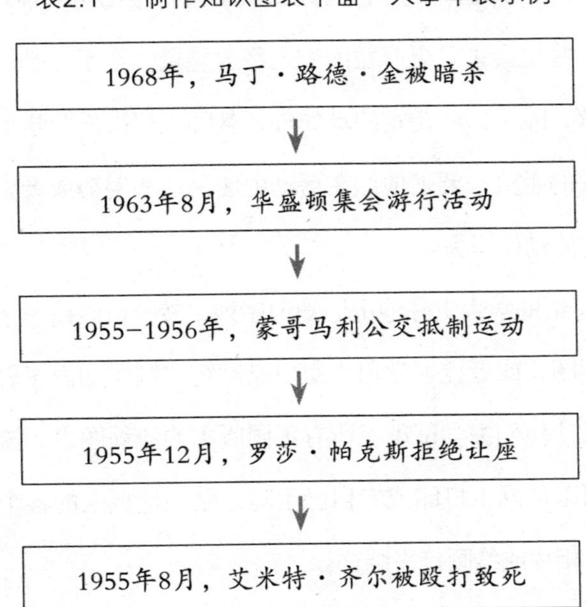

学过程中，这位教师要求她的学生们在上课进入教室的时候都要从有关所学内容的每一张卡片上走一遍。此外，她还给每一步各指定了一个简单的动作，并且经常要求学生踩在学习内容的卡片上用这些简单的动作将其内容表现出来。第一步的动作，便是要求学生们挥手并对站在卡片上的学生大喊：“你还好吗？你还好吗？”在整堂课过程中，她定时地检测学生们以确保他们掌握所学信息。

参与度最大化法则

◎ 要求学生每踩到一块卡片上的时候，都要把上面的文字大声地读出来，这样将会帮助一些学习者更有效地记住信息。

◎ 让学生在知识序列中进行跳跃式学习。增加这项额外的运动能够给学生一些机会去以更有益的方式释放能量。至于心肺复苏术这个内容的讲解，除了那些指定的动作外，教师也可以教给学生们一些与各步骤相关的手势，要求他们在活动中使用这些手势或者将它们融合到原来指定的动作里去。

◎ 为了帮助学生更好地记忆知识序列，教师可以请学生们协助制作知识流程图，或者让各学习小组自己制定“制作知识图表平面”活动图表并且让他们去尝试班里所有不同版本的流程图表。流程图的内容学生们可以从网上打印或者自己手写，贴在地板上的各个图表可以用剪贴画、相片或绘画等来装饰。

课堂应用心得

“鱼缸式”捉人游戏

“鱼缸式”捉人游戏活动是一个讨论工具，它能引导学生加入一个公共论坛去讨论感兴趣的话题。在传统的鱼缸式会议模式中，学生们围坐成两个同心圆。内圈的一组是讨论组，外圈的一组倾听组。通常情况下，教师会给出一些精心挑选的问题让讨论组进行讨论，倾听组会在讨论组谈话结束后提供一些观察结果或者一些补充性意见。活动一段时间后，内外圈学生互换位置。

“鱼缸式”捉人游戏活动是“鱼缸式”活动的扩充。它加快了活动速度，使活动过程成为一个友好的进行立场和观点互换的过程，这个过程将会使所有的学生都行动起来积极思考。

指导原则

◎ 安排学生围坐成一个五到八人的小圆圈，然后再安排学生围坐成一个与之有同等人数的同心圆，其余学生作为听众坐在自己原来座位上。

◎ 编写几个开放性的问题作为讨论的出发点，把这些问题放在一个供学生或老师抽取的帽子里。为了让活动更形象生动，可以把这些问题放在真正的鱼缸里让大家抽取。

◎ 内圈里的一名学生抽取一个问题并朗读一下该问题。此圈里的其余学生就该问题进行一个自发的讨论，分享个人观点。

◎ 内圈的学生只有就讨论的问题给出自己的个人观点后方可离开此圈。在他们离开内圈座位时需要从外圈里选一名学生来替换自己，然后老师或者这名离开内圈的学生要从观众席里选一名学生坐到外圈座位空缺处。

◎ 内圈的学生也可以以另一种方式被替换。如果内圈某个学生已经就讨论的问题做出发言，那么外圈里具有敏锐观察力、从讨论中获益匪浅的学生就可以加入内圈替换他。

◎ 讨论继续进行，捉人游戏要在特定的时间内进行。

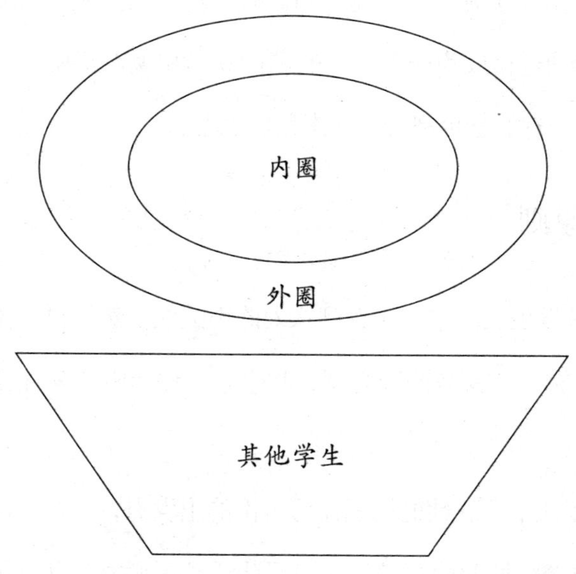

◎ 讨论结束后，教师可以记录要点或者征求班内广大听众们的意见。

活动实施技巧

初次试验这个活动，学生们一般不会与圈内其他学生进行面对面的互动，他们会直接面向教师进行发言以期获得肯定或进行下一步活动。教师在活动开始之初对自己进行角色定位是非常重要的，你甚至要站在“鱼缸”的外围以便学生们相互把注意力集中到对方身上。只有在需要订正一些重要的错误概念或者学生们的讨论没有结果的情况下，教师才能进行调停。

实 例

◎ 一名高中英语老师采用“鱼缸式”捉人游戏这个活动引导学生们去学习小说。他从某些方面提出问题来促进小说内容的分析。在组织学生们参加“鱼缸式”捉人游戏活动之前，教师先给他们一些时间去独立地思考一下这些问题，并将答案写在纸上。例如：

★ 作者是如何利用文章结构、故事细节和比喻方式来表明其对故事中人物的态度的？

★ 思考一下小说中提到的历史事件和该小说创作的时期，当时世界上发生的哪些事件会对作者产生影响？

◎ 在一年级的某个班里，当学生们之间出现分歧的时候或者班级成员之间的关系变得有点紧张的时候，教师会把这个活动作为解决集体问题的一个平台。他所用的提示性语言视发生的具体问题而定，例如：

★ 许多同学发觉他们的东西、零食或午饭丢了，作为一个大集体我们应该怎么做呢？

这位老师还用该活动形式去征集学生们生活中一些有积极意义的事情，并通过一些开放式的问题去加强学生们的积极思考。例如：

★ 我喜欢教室里的……

★ 我希望……

★ 近来发生在我身上的一件美好的事情是……

★ 我非常感激……

★ 我渴望……

参与度最大化法则

◎ 对班级学生进行一个战略性的选择，选择班里那些最能说的学生开始游戏，这样将会确保推进游戏的进程。

◎ 让一名学生来担任“标签主人”。他不需要加入到讨论组里来，但是可以通过随意找人替换讨论组成员的方式来激发他们的能量和给他们带来惊喜（通常是为了激发更多的欢乐）。为了增加活动的娱乐效果，教师可以用一只儿童塑料钓鱼竿把这名学生从所有参加者中“钓”出来。

◎ 为了提高学生们的交际技能，教师可以对其在“鱼缸式”捉人游戏活动中的积极表现做一个评估，这些积极表现能促进他们进行一次富有成效的辩论。表2.2是一个量化评定表，此表列出了学生们在活动中应当尽可能展现出来的一些交际行为和一些应当避免的行为。教师可以通过在所观察到的行为举止旁边标注该学生姓名首字母的方式做一个连续性记录，这样便可以在讨论结束的时候给学生们提供一些反馈信息。初中和高中的学生在作观察的时候，可以采用表2.3备注和问题这种方式以便给他们的同学提供有益的反馈意见。

表2.2 “鱼缸式”捉人游戏活动量化评定表

姓名____________________

富有成效的讨论行为	学生姓名首字母	成效较差的讨论行为	学生姓名首字母
表明立场，注意力集中		注意力不集中	
做出相关评价		做与问题无关的评价	
使用例证支持论点		说无事实依据的观点	
给他人留出讨论空间或引导他人加入讨论		垄断讨论	
肯定他人的陈述		进行人身攻击	
提出一个清晰明了的问题		提与讨论内容无关的问题	
推进讨论进程		打断讨论进程	

表2.3“鱼缸式”捉人游戏活动备注和问题

姓名______________________________

在讨论中你听到的重要信息是什么？

____

____

____

你还有补充观点吗？是什么？

____

____

____

你认为谁最有说服力，或者谁观点陈述时表现最好？他们的观点是什么，或者他们的观点令人信服吗？

____

____

____

你在听取讨论的过程中突发奇想的问题是什么？

____

____

____

◎ 许多学生可能发觉这个活动流程本身就让人很难理解和学习。减轻学生们的这种焦虑并让他们把注意力集中到提示性问题上的一个方法，就是在给他们任何讨论内容之前先让他们默默地练习捉人游戏。让学习者无需经过真实的讨论，直接在两个圆圈之间进行捉人和替换活动。

◎ 如果某些外边的学生需要得到帮助后才能加入到讨论中去，那么教师可以作为裁判在这些听众的外围四处走动并且（通过轻声提示或便条）给学生们指点迷津。教师甚至可以给学生们提供提示卡，这些提示卡上带有与课堂内容相关的事件和观点，这样学生们就能够有一些合适的切题的材料与大家分享。

课堂应用心得

“旋转木马”式群组讨论

这项活动为教师如何组织学生利用最少的课堂时间做工作报告提供了一个有效的方法。“旋转木马”活动是一种让学生生成信息并进行信息分享的娱乐方式。此外，当学生在组与组之间活动、相互讲授学习内容的时候，整个学习团体里所有的知识都能得到强化。

指导原则

◎ 把学生们分成各个学习小组，并对各小组进行编号。

◎ 给这些学习小组一个共同的任务。教师可以让他们去解决一个问题，回答一些问题，讨论一个问题或事件，或者完成一个学习项目。

◎ 给学生时间进行合作并完成该任务后，教师要告诉各小组分别从组内指定一名学生作为访问者，这些学生将以轮流循环的方式访问相邻的学习小组然后与之分享原来小组的意见。

◎ 访问学生需要按照小组编码顺序进行有秩序的访问。因此，第一小组指定的访问者按规定要访问第二组，依次类推，最后一个小组的访问者则要访问第一小组。

◎ 访问者进入其访问小组后，需要与该小组成员分享其原来小组成员的讨论意见、结果或解决办法。

◎ 给访问者几分钟的时间分享信息后，教师组织他们按顺序旋转访问下一小组来开始新一轮的信息分享活动。

实　例

◎ 一位高中戏剧学教师把学生分成四人一组的学习小组，让每一小组写一个独白，题目是“我的生活”。独白的内容必须是以世纪之交他们青少年时的经历为创作基础。学生们要谨记课堂上学习的一个强有力的独白所要包含的所有要素（例如个人情感、个人观点），小组每个成员至少要提出三个观点。当学生完成写作任务后，每个小组选派一名成员作为访问者通过“旋转木马”活动中来给其他各小组表演他们的独白。因此，每个访问者都要为班里其余五个学习小组做表演。

◎ 一位二年级教师用“旋转木马”活动让学生们练习创造合成词。每组负责制作一张含有各种合成词的海报，结尾附上说明。接下来，各小组的访问者循环访问其余不同小组去分享他们的海报内容。

芙丽达，一位脑瘫患儿，交际能力有限，正在学习使用一种新的交际辅助器“大麦克交换器”（见图2.1）。因此，她被指定为小组的访问者，和其他小组分享她的海报并有六次陈述的机会。当她去每一个小组进行访问时，她都按一下辅助器的开关，给大家呈现一段时长为60秒的信息来解释海报内容并让该小组成员做记录。

图2.1　大麦克交换器

参与度对大化法则

◎ 让那些需要重复记忆才能掌握知识的学生担任访问者。例如，如果有名学生现在正学习流利阅读法，教师可以在活动中给这名学生分配一些朗诵诗歌、读故事、读电影脚本或者读一份名单的任务。

◎ 如果担任访问者的学生不能够进行清晰明了的总结或者不能与其他小组分享他们原来所在小组的知识，教师可以给这个学生一个思维导图或者备忘单让他在第一个访问组里使用，或者在各个访问小组里使用。

◎ 让所有的访问者随身携带一些展示品（例如相片、图画、表格、海报等）来解释或代表他们小组的成果，这将会提高访问者的陈述效果，使他的讲授更具多重感官性，从而可以帮助那些视觉学习者或者实际操作学习者学得更好。

课堂应用心得

初学者还是熟知者

当班里的学生就某个话题或概念的熟悉程度出现明显差异性的时候，“初学者还是熟知者”这项活动就为教师的差异性教学提供了一个方法。那些自我定位是某个话题的初学者的学生可以去探索多重感官和多层次水平的学习材料，以便去学到更多关于该话题的知识，而那些自我定位对这个话题很熟悉的学生则要找出一个事实或例子去解释有关概念。他们还要把所有零碎的信息整合成一堂连贯的微型课，然后讲给班级其他同学听。初学者们要从个人对该话题的学习过程中提出问题请熟知者们解决。

指导原则

◎ 教师要强调指出每一个人既是初学者也是熟知者，这一点很关键。我们是初学者还是熟知者的身份是动态的，它将随着我们学习的话题和技能的改变而改变。例如，你在分子生物学方面可能是个初学者，但在交际舞方面可能是个熟知者。

◎ 在一个新话题或新单元开始之初，对学生们就该话题或该单元主要概念的熟悉程度或经验多少做一个评估，或者让学生们做一个自我评估，然后就评估结果将学生们分成初学者和熟知者两组。

◎ 那些自我定位为熟知者的学生要在卡片上写出自己关于将要学

习的话题所已经掌握的知识并教授给初学者们。

◎ 作为初学者的学生们也要在卡片上写出或提出该话题的相关问题。对于课堂教学的这个环节，教师可能想要给学生们提供多层次水平的或者多种感官性质的材料（例如照片、影像资料、参考资料、不同难度的文章等），学生们可以用这些材料去激发灵感提出更多的问题或去进行讨论。

◎ 当初学者们着手探索和复习有关材料的时候，熟知者们要与之一起去分享、验证和整合零碎的知识信息。在本堂课的最后一个环节里，熟知者们的任务就是把他们的个人知识整合成一个小型的发言讲述给班里其余学生听。

◎ 当熟知者们做发言的时候，初学者们可以提问问题。对于那些熟知者们不能给予充分回答的问题要做好标记作为教师本单元优先讲解的内容。

活动实施技巧

活动开始之前教师需要清晰地说明熟知者和初学者之间的区别：熟知者要拥有一些与所要学习概念有关的经验，感觉自己知道一些关于该话题的知识并能够把这些知识教授给初学者们。初学者们缺乏有关此感念的经验，并且想知道更多关于该话题的知识。需要重点强调的是每位学生在一整学年的学习过程中都有机会成为一个初学者或熟知者。

实　例

有位科学课老师教授一个二、三年级混龄的班级已经两年了，他在给学生讲授蝴蝶的生命周期和行为这个单元的时候就是采用了“初学者还是熟知者”这个教学活动。

这个教师每年都关注帝王蝶这个话题，班里现在的三年级学生在上一年的学习中已经就该话题参加了一些学习活动，所以三年级的学生都是该话题的熟知者，二年级的学生则为初学者。教师在这一单元开始的时候采用了这种活动，学生们学习的一个主要目标就是要认识到：一个生物体的行为与其生存的环境性质有关。

在班级里，这位老师引导三年级的学生回想一下上一年的学习活动经历，包括观察毛毛虫孵化成帝王蝶的过程、释放它们以及通过网络和澳大利亚的学生讨论帝王蝶迁徙到什么地方去了等。当三年级的学生为这些活动准备相关的介绍发言时，二年级的学生们要利用手头上关于帝王蝶的书面资料或图片资料，向三年级熟知的同学们提出问题。在初学者和熟知者的互动过程中，不能解决的问题便当做全班集体去探究的问题。

班里的一个二年级的英语学习者，来自巴哈半岛，以前居住的地方是一个帝王蝶集体迁徙地。因为他有对帝王蝶亲身观察的经历，因此他也成为了班里熟知者当中的一员。此外，班里任何一名二年级的学生，如果感觉自己知道关于蝴蝶的一些知识都可以自称为是熟知者。

参与度最大化法则

◎ 在熟知者们作陈述之前，要让他们查看手头资料来核实其感知到的知识。

◎ 允许初学者学生们与其搭档或小组成员共同商量提出问题。

◎ 对于不能提出问题的学生，教师可以给他们提供一些准备好的问题，这些学生们可以参看一下并重点标出几个他们最感兴趣的问题。

◎ 对于那些学术性或非学术性的话题来说，采用这种方式去讨论都是非常重要的，这样所有的学生都有去和大家分享自己知识经验的机会。在每次活动的时候，教师要避免让同一个学生既作为熟知者又作为初学者的情况发生。

◎ 此活动中还可以有另外一个角色那就是主持人。担任该角色的这名学生一个重要职责就是系统地收集全班学生的问题，并且把这些问题陈述给熟知者们听。如果这个主持人有语言障碍，这些问题可以存入一个扬声设备或者录音机里。在组织问题的提问回答过程中，这名学生可以通过以上设备把初学者们感兴趣的问题一一陈述给熟知者们听。

课堂应用心得

____

____

____

用布告板分享信息

在大班教学活动中，最经常出现的情况就是同一群学生日复一日地进行分享信息的活动。这样就使得许多学生，包括那些很害羞或者没有勇气回答问题的学生，只能被动地进行这种传统的学习活动。有一种活动能够促使所有的学生去和他人分享他们对某个共同问题的看法，这种活动就是让所有的学生自己想出一个答案，然后带着答案在教室里走动以此作为一种宣传他们观点的方法。

当教师想就某个开放性的问题寻找一些不同的没有对错之分的答案时，采用这种活动的效果最好。

指导原则

◎ 活动开始时，教师要给每个学生发一张挂纸盒一个标签，给他们提出一个问题（或者几个相关的问题），让所有的学生把自己的答案写在挂纸上。

◎ 发给每个学生两根胶带，然后指导所有的学生将各自的挂纸想办法贴在衣服上，告诉他们现在他们就是一些可以走动的布告板了。

◎ 指导学生在教室里走动去从别人的布告板上获取信息和观点，同时也要确保把自己的布告板给其他几个不同的学生看一下。另一条重要的活动原则就是在整个活动过程中学生们不能说话，这是一项视觉的和非语言的活动，其活动目的在于把学生们的注意力集中在所看到的信息上而不是所听到的信息上。

◎ 给学生们大约15分钟的走动时间然后让他们回到自己的座位上，简略地测试一下他们看到了哪些答案和对该问题的不同回答有什么反应。

实　例

一位语言艺术教师想要教授学生如何写出一篇优秀的小小说，她给学生们提出了这样一个问题："在一篇优秀的小小说里，你将总会发现________。"学生们有5分钟的时间去回答该问题并将答案写在挂纸上。教师向学生们宣布："等你们把你们的答案穿在身上的时候，我就知道你们已经有答案了。"同时她给学生们演示如何把各自的答案挂纸粘贴到衣服上。当所有的学生都把各自的答案粘到身上的时候，老师给他们10分钟的时间在教室里走动去阅读别人的布告牌。她鼓励学生们在不跑动、不拥挤和不影响别的同学的情况下，尽可能多地读一下其他同学们的答案。当学生们回到自己座位上的时候，老师要求他们在纸上尽可能多地写出他们刚才看过的自己所能想起来的答案。然后，全班一起讨论如何写出一篇优秀的小小说。

参与度最大化法则

◎ 在信息分享这个活动环节中，如果学生不能从阅读过程中获得所需要的所有信息，或者学生存在阅读或速读困难，教师可以允许他们口头分享信息或者提问题。

◎ 为了激发学生们的学习兴趣，教师可以给他们更多的时间去装饰他们的布告板。有些学生可能想要增加插图或贴纸，有的可能想用印刷模板或者用艺术字来书写。当学生们想要使得他们的布告板更令人难忘的时候，教师甚至可以与他们分享一些宣传布告的小窍门。例如，可以鼓励学生使用黑体字，使用醒目的口号或者画一些能让其他学生容易记住的图标或图画。

◎ 当学生们在教室走动的时候，教师要给他们拍一些照片。这些照片可以让学生们作为一种有趣的和非正式的复习资料，以便再次阅读和练习。

◎ 让一名同学担任研究员，他可以四处走动观察同学们的布告板并且在图纸上或黑板上记录信息。这名研究员也可以用某种方式把相应数据制成表格，通过这个表格或单子来报告大家最普遍、最独特和最值得注意的回答。这项工作非常适合于那些需要扩展知识的学生或者那些乐于分析型任务的学生。

课堂应用心得

____

____

____

“晚宴”式互动讨论

从某种程度上说，我们都曾参加过小型的晚宴聚会并且与别人进行过简短的交谈。当新的社交宴会常客到来的时候或者大家很自然地混合在一起的时候，聚会团体往往会被重新组建起来，人们或者继续先前的谈论话题，或者转向别的谈论话题。“晚宴”活动方式模仿的就是这些非正式的团体互动活动。

“晚宴”活动是一种促进许多学生在短时间内分享信息的教学策略，这个活动可以代替全班集体问答活动在课堂上使用。

指导原则

◎ 设计一些话题或问题要求每个学生都要回答。

◎ 首先教师要呈现第一个问题，并在2到6之间喊一个数字。在教师喊出数字之前，所有的学生都是站着的，并且在教室里慢慢地走动，当听到老师喊的数字时，他们要迅速地组成具有相应人数的小组（也就是说，如果老师喊的是2这个数字，那么学生们就要组成两人一组的搭档）。学生们迅速地在小组内按顺序循环分享他们的观点。

◎ 一段时间以后，教师呈现另一个新的话题或问题，并且喊出另一个数字。学生们听到后需要马上分散开去寻找新的成员，并组成小组进行互动。

◎ 经过几轮活动以后，教师可以请几位学生与大家分享他们从小组中听到的观点。

◎ 提问学生的方式包括：

★ 你听到的最有趣的事情是什么？

★ 你在同学们的回答中有没有找到共同的观点？

★ 确定一个挑战你思维的观点。

★ 你学到的一件事情是什么？

活动实施技巧

给各个更小的活动小组（如两到三人的小组）提供更相关的和更复杂的问题，随着小组人数的增加设计一些答案简短的问题。

实　例

◎ 有位教师在讲授概率论与数理统计这一单元的时候，提出了如下的一些问题让学生们在“晚宴”活动中讨论。

★ 数据收集的方式有哪些？

★ 你曾经质疑过一项投票或调查的结果吗？为什么？

★ 与大家分享你曾经见过的统计学在日常生活中一种应用方式。

◎ 一位高中器乐教师采用“晚宴”这种活动帮助学生们去讲授和学习爵士乐。首先他给大家演奏了一段音乐，同时要求大家组成自己的第一个学习小组。之后他提出了如下问题：

★ 你听到了什么？

★ 作者通过这首曲子表达了什么情绪或个人思想？

在给了学生一段时间进行讨论后，该教师让他们重新组合学习小组并呈现了一段另一位音乐家的曲子，同时提问了相同的问题。在50分钟的课堂上，这位教师让学生用其他几位音乐家的音乐来重复进行这项活动。

参与度最大化法则

◎ 一些学生（尤其是那些有语言障碍的学生或者英语语言学习者）可能发现去回答一些意料之外的问题或者快节奏的问题是很困难的。教师可以提前给出所提的问题，让学生们形成口头或书面的回答，这对上述的那些特殊学生会有很大帮助，他们可以带着这些答案并以此作为小组讨论的向导。

◎ 如果学生们对先前提出的“晚宴”活动方式不是很熟悉，那么教师让他们提前浏览一下活动中所提问的问题是非常有益的。当全班默默地浏览这些问题的时候，有些学生可以与老师、言语治疗师甚至是其他同学就他们的答案进行一个简单的演练。

◎ 如果有的学生在活动的进行过程中很难找到合适的搭档，教师可以在教室里走动，帮助这些学生组成合乎数字要求的小组，以此促进活动的进程。为了让大家更有目的性的去寻找搭档，教师可以提前分派并指定各小组的成员。给每位学生发一张名单，上面写有他们在每一次重组时需要找到的该小组成员的名字。例如：

第一组——找到汤姆、阿曼达、玛雅和克里斯；

第二组——找到兰迪和保尔；

第三组——找到莱恩。

◎ 为了使活动变得更加有趣和更加容易，教师可以把这项活动开展得更生动一点，可以给学生们提供一些饮食。这些或许会帮助老师唤醒课堂上那些疲惫的学生，并能给他们一些所谓的“精神食粮”。

课堂应用心得

寻找意见相同的伙伴

“寻找意见相同的伙伴”活动是由梅尔·希尔伯曼发明的一种快节奏的娱乐游戏，是一种回顾、打破僵局或新知识的教授方式。“寻找意见相同的伙伴”活动可以持续30分钟的时间，它可以被教师用来教授一节新课，或者可以被教师用来在一节课最后5分钟的时候扼要重述本节课的内容。这项活动可以让学生们去学习其他同学们看待问题的视角和知识，也能给学生们机会去亲身见证他们之间相互分享的兴趣、观点甚至是价值观的过程。

指导原则

◎ 为了准备这个游戏，教师需要设计一系列服务于新授课或复习课内容的问题，给学生机会对这些问题做一下可控性的选择。换句话说，这些问题必须是有明确答案的。如以下例子所示：

★ 你是支持还是反对死刑这种刑罚？

★ 你是否知道如何测量角度？

★ 你最喜欢影片《紫色》里的哪个人物？

★ 你最喜欢访问哪个讲西班牙语的国家？

◎ 然后，在教室里腾出一片空地来或者把学生们转移到走廊里。

◎ 教师提出一个问题，然后让学生们在教室里四处走动寻找与自己答案相同的学生。因此，支持死刑这种刑罚的学生们聚在一起，持反对意见的学生们聚在一起。如果有学生持一些另外不同的观点，教师要组织这些学生们组成他们自己的小组以确保与其他小组分开，这样所有的活动小组就形成了。

◎ 当学生们组成各自的活动小组后，让学生们与“他们的伙伴”握一下手，然后开始相互听取意见。教师可以让学生们相互教授一下所选择的话题或者相互解释一下他们选择的原因。例如，如果教师想让学生们从书中选出他们最喜欢的人物，那么你可以让他们为自己的选择做一下辩护，然后请其他组的成员来询问、商讨并提出清晰明了的问题。

活动实施技巧

各活动小组一旦形成后教师可以让各组的学生们坐在一起或者跨起胳膊以便让所有的参加者都能看到其他的活动小组都有哪些，他们分别在哪里。为了更进一步地区分各小组，教师甚至可以让他们举起自己小组的标志牌来展示他们的名字或身份。

实 例

一个五年级的班级在学习美国的领土地域时，教师让学生们回答了以下问题并找出了“他们的伙伴”。

★ 我出生的区域

★ 我最喜欢参观访问的区域

★ 旅游业最发达或看起来最发达的区域

★ 风景最美的区域

★ 自然资源最丰富的区域

为了准备这些活动，该教师首先让学生们从课本上找到关于这些特殊问题（例如自然资源、旅游业）的信息并进行复习，这样他们便会对自己的选择给出一个深刻的有理有据的理由。

参与度最大化法则

◎ 有些学生可能需要去看到一些或者有老师告诉他们一些不同的选择范畴。例如，如果教师想让学生们确定一个自己最想去参观访问的大洲，但是有的学生对这些大洲一无所知，那么这些学生就需要老师对其进行一些提前的指导以便帮助他们回答问题。

◎ 教师可以把提示性问题写在黑板上或者墙壁上，以便让学生们能够听到或看到一系列选择项，或者教师可以给某些学生每人一张带有相关信息的索引卡，这样当他们在教室里走动的时候可以把这张索引卡作为完成任务或回答问题的提示卡。

◎ 为了使活动更具有挑战性（或者给英语学习者提供坚实的支持），教师可以要求学生们在寻找“伙伴”的时候不能说话，这样学生们在寻找其他组员的时候必须很有创造性。

◎ 一旦学生们找到自己的小组以后，教师可以单独提问，几个学生为自己的选择做出辩护或者解释。教师可以根据学生个人的需求和能力不断变换其问题难度。对一些学生教师可以提问比较具体的问题（例如“你为什么喜欢乔治这个人物”），而对另外的一些学生教师则可以提问较复杂的问题（例如“乔治象征了谁或什么”）。

课堂应用心得

 分类、归类和组织信息

这项活动能够通过让学生发现问题、解决问题和负责弄清关键信息的意思并传达给全班同学等一系列活动，以此促进学生的学习。这项活动还能帮助学生们去发现独立信息之间的内在联系，并且在跟随教师传达相关概念的过程中发挥积极主动的作用。通常情况下，学生们能够找出教师意图讲授的要点。这项活动大大提高了教学的自发性，并确保教师不用花费时间去讲授那些学生们已经知道的知识或者是能够自己发现的知识。

指导原则

◎ 制作一些与将要学习的概念有关的信息卡、纸条或者图片，这些东西可以被分类、归类或者编号组成两组或更多的组（例如动物的不同种类，或者不同词性的词汇）。

◎ 给班里每位学生发一张卡片（或者纸条或图片），该卡片至少与一个种类或一组内容相符合，然后鼓励学生们在教室里走动寻找能与自己组成一组的同学。

◎ 当学生们相信已经准确无误地把自己归类并找到自己小组的时候，教师要给学生们一段时间让他们来确认其小组范畴并讨论手中所持的不同信息之间有什么联系。之后，每一组都需要向全班同学报告

他们的新发现。如果所学概念的某些相关信息没有在信息卡上呈现，小组成员们也可以提出一些新颖的或者补充性的信息。

◎ 待所有的小组都做完发言后，教师可以运用这些信息来强调关键信息，澄清一些学生们的错误想法，或者给予学生更详细的解释。

活动实施技巧

为了简化学生的学习任务并节省时间，教师可以在活动开始的时候提供一些分类范畴（例如，“你们每人都有一张写有一个国家名字的卡片，找出手里的国家卡片与你的国家同属一个大洲的同学们”）。

实 例

◎ 一位小学的图书管理员通过“分类、归类和组织信息”这种活动方式教导学生如何认识不同图书的类别。她给每位学生分发了一本书，让学生们看一下该书的题目并阅读一下简介，学生们需要根据自己手中图书的类别来组合小组（例如神话类、悬疑类、恐怖类、戏剧类、科幻类等）。

◎ 一位一年级教师采用“分类、归类和组织信息”这种活动来教授动物分类（例如“与鸟类、爬行类动物、哺乳类动物、两栖类动物和鱼类相关的特点是什么”）。对于杰里米这样一个患有唐氏综合征和适度智力障碍的学生来说，参加这项活动的主要是为了实现语言和阅读上的目标。他的主要目标就是识别出一张蛇的照片，然后大声读出“鳞状皮肤”这个词语，以便让班里其他同学都能听到。这些同学需要判断杰里米是否和他们是一组。

◎ 一支由普通教育教师和特殊教育教师组成的四年级教师队伍发明了一些卡片，这些卡片能组成许多不同的方程式。当把这些卡片正确组合时，便能得出正确的方程式答案。例如，这里有一些写有如下符号的卡片：2，10，（×），15，12，（－），13，（＝），120，（＝）。当学生们把这些卡片正确的分成四张一组的两组时，便会得到如下两个方程式：10×12=120和15－13=2。教师可以通过设计一些难度大的卡片（如极限方程式）的方式进行区分不同水平的学生。一些学生小组可能会组成代数方程式，另一些可能会组成分数方程式，另外一些可能会组成体现加减运算的方程式。

参与度最大化法则

◎ 如果某个学生不能很精确地为他的信息卡找到相对应的范畴，教师可以直接把该生要找的信息告诉给他。例如，“你有一张画有猫头鹰的卡片。猫头鹰是一种鸟，你需要寻找那些手里卡片上画有鸟类的同学们。”如果即便是这样该学生仍然感觉活动很复杂的话，教师可以完全改变此项活动的目标，并让该生只为自己的卡片寻找匹配卡即可。在这个环节里，教师就需要准备两张画有猫头鹰图案的卡片，并且让该生从班里寻找到另一个拥有猫头鹰卡片的学生，接下来由这两名学生共同在“分类、归类和组织信息”活动中寻找他们的小组。

◎ 在一张彩色卡片上写上一个范畴的名字，然后把这张卡片交给一名学生，其他学生需要找到他来组成一个逻辑组。这种活动方式的调整对那些需要额外帮助的学生来说特别有帮助，因为这些学生不需要负责去寻找他们的小组，反而是其他学生来找他们。这些彩色卡片上还可以包含一些关于讨论话题或该组范畴性质的附加信息（例如“因为两栖类动物的皮肤没有外壳、鳞屑或外层干燥皮层，因此大部分的两栖类动物都生活在湿润或潮湿的环境里以防止脱水”），这样逻辑组一旦形成后，持卡的学生们便可以与小组成员分享信息。

◎ 混合使用信息的表现形式。卡片上的信息有些可以是单个的字，有些可以是词组，另外一些可以仅仅是图片。

课堂应用心得

集体脑力激荡法

当学生们在解决问题小组里献计献策、共同解决由同班同学提出的各种不同问题时，正好说明了谚语“三个臭皮匠，赛过诸葛亮”。教师可以依据不同的话题，组织学生们在一种积极高调的氛围下进行活动，也可以在一种相对安静低调的氛围下进行活动，因此教师可以调整活动形式使其满足学生们的需求，并符合教学任务要求。

指导原则

◎ 把学生们按照四到十人为一组的标准分成几个小组，指导小组内的每位学生想出一个待解决的问题并用文字形式将其概述写在一张纸的上半部分上。

◎ 当学生们写完后，告诉他们把纸张放在各小组桌子的中间。

◎ 接下来学生们需要从中抽取一张非本人书写的纸片，默读一下上面的问题，然后在纸张的下半部分写出至少一种回答或解决方案。

◎ 学生们完成此项活动后，让他们把手中的纸张放回原处并从中重新抽取另一张（或者把纸张传给左侧的同学）。学生在拿到第二张纸后，需要在上一名同学所给的答案下方再给出一个新的答案或观点。

◎ 教师组织学生们在大家一致同意的固定时间内继续活动。

◎ 当活动结束时，让所有的学生拿回自己原来的纸张，浏览一下同学们所给的答案或方案，适当的时候，可以选择其中的一个或多个方案去实施。

实　例

◎ 一位教师在带领学生们学习了各种形式的污染所造成的后果和一些有利于地球生态保护的解决方案后，要求学生之间相互提出一个环境保护方面的问题。例如“我们如何减少城市暴雨径流污染”和“我们如何降低汽车尾气排放量来减少空气污染”这两个问题。学生们根据环境保护那个单元里所做的相关研究，就第一个问题给出了如下解决方案。

★ 不要往垃圾箱里、雨水道内、大街上、卫生下水道内或者地面上倾倒油类或油脂类物质。

★ 不要用像漂白剂和洗涤剂之类的有毒化学物品来清洗室外的垃圾容器。

书写困难的学生可以通过图片或者短语来表示他们的解决方案。

◎ 这项活动为学生们提出一些可能发生在他们学校生活中的敏感问题提供了一个安全的平台。因此，一位班主任采用这种活动要求学生们就一些与他们的学校团体和个人生活相关的一些问题做出回答，例如，“描述一种情景，这种情景曾经让你感到来自同学们的压力”，接下来学生们在教师的鼓励和建议下对这个问题做出回答。该教师经常采用开放式的活动方式，不给学生们任何提示性的问题，鼓励学生去提出任何可能困扰他们的问题。

参与度最大化法则

◎ 学生们经常需要练习写出具有足够特异性的问题陈述，以便让读者去了解问题情况。因此，教师可以增加一个活动环节，让学生们把所写的问题陈述放在桌子中间之前，让每个人都对自己提出的问题做一个简要的描述。

◎ 有些学生可能对于和同学们分享这种性质的问题和观点感到很紧张。教师可以试图通过让学生们在活动之前先确立基本原则这种方式，帮助他们把这种不安最小化。例如，你可以让学生们之间相互鼓励一下并让他们去相互给予积极的评价。

◎ 对于那些书写困难的学生来说，试图去跟上互换问题这个活动环节的步伐是很有挑战性的。让这些学生借助书写辅助技术仪器，例如由阿尔法—斯马特发明的手提电脑同步键盘（见图2.2）来书写，将会帮助他们跟上同学们的活动节奏。

图2.2　新式阿尔法—斯马特手提电脑同步键盘

课堂应用心得

“让学生当老师”活动

“让学生当老师”活动可以允许班里所有的学生都成为当天学习内容的专家。当学生们为即将到来的检测或考试做复习的时候，或者当课文内容很具有挑战性的时候，教师可以组织学生们进行这个活动。这种活动可以促进学生对课文的理解，因为它能帮助学生们更仔细的阅读，确定课文中已经理解了的知识和没有理解的知识，还能让学生们对关键段落进行更多样化的阅读。

指导原则

◎ 指导学生对课文内容或者其他阅读材料（例如报纸、网页）分成几小部分（一到两页）进行简要的复习。

◎ 让学生们找出自己理解并能给其他人解释清楚的一个段落。

◎ 指导学生们用自己的话把这一个段落重写（改述）一下并将所写内容抄到一张索引卡上。

◎ 当所有的学生都写好索引卡后，让学生们起立去寻找一个搭档，给他们三分钟的时间把他们所写的段落内容讲授给搭档听，并且要求搭档也把所写的段落内容讲授给他们听。当教师说“新搭档”的时候，学生们需要争着去寻找另外一名新搭档，然后与之重复同样的活动内容。

◎ 教师可以让学生更换一次、两次或者几次搭档。

实　例

一位美国历史教师采用“让学生当老师”活动教授学生们学习美国宪法。因为文献非常长而且相当枯燥，他觉得采用这种活动不但能够使学生们学习起来稍微有点乐趣，而且还能给他们机会去解释文章内容并将它翻译成现代语言。尽管许多学生选择了同一个段落来讲授，该教师却认为，这种学生与学生之间的互动对他们是一个非常好的机会，他们能获得关于此文献的许多不同解释，因此也能够开始理解为什么这个文献一直以来都被普通人、专家、学者，甚至是律师、法官和总统们争论、推理和讨论。

班里有两名有学习障碍的学生，其中一名在老师的帮助下制作他的索引卡，老师作为记录员把该生口头与大家分享的观点记录下来，另一名学生则选择把改述段落的任务作为“让学生当老师”活动前一天的家庭作业。

参与度最大化法则

◎ 一些有语言和交流障碍的学生需要提前制作他们的索引卡，而另一些学生可能也需要同伴帮忙来制作索引卡。

◎ 如果许多学生在改述和书写方面存在困难，教师可以把课文复印一下让学生们进行选择并剪下自己将要改述的那个段落。为了让大家进行改述，教师可以允许这些学生突出强调一下所选段落里的关键字和词，画出该段落中最重要的部分。

为了增加活动的挑战性加深学生的理解，教师可以建议甚或要求学生们对他们所选的段落进行阐释。这项额外的作业任务对学生们来说是意义颇多：它能激发视觉艺术学习者们的学习兴趣；它能加强学生们对宪法的理解，因为教师让学生们选出一个复杂的概念，要求他们不仅要理解这个概念，而且还要考虑如何用直观的方式帮助其他同学理解这个概念。教师甚至可以教给学生们一些特殊的视觉地图符号去代表索引卡上的某些概念，教师可以把这些符号教给全体学生，让他们进行训练，这样他们就能很迅速很高效地分享信息（参看图2.3科学课上可能用到的视觉地图符号）。

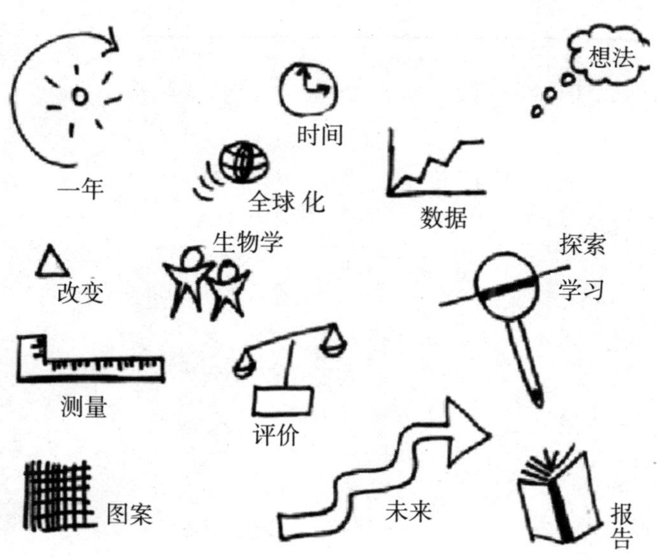

图2.3　可能用到的视觉地图符号

课堂应用心得

第3章　知识复习与巩固

伴随音乐讨论问题

“伴随音乐讨论问题”活动非常适合在星期一早上和星期五下午的课堂上进行。换句话说，它既可以用来唤醒一个疲惫的课堂，又可以吸引那些兴奋和精力充沛的学生们认真地投入到学习中去。教师组织这个活动，要准备几段流行音乐和一些供学生们讨论或思考的问题。

指导原则

◎ 活动开始时，教师要发给学生们每人一张小纸条或索引卡，上面写有四个（或任何其他数目的）问题。这四个问题将要作为活动过程中的讨论点，学生们要根据各个问题的题号找到与该题号相对应数目的伙伴来讨论这个问题。例如，他们将需要找到一个伙伴来讨论问题1，找两个伙伴来讨论问题2。

◎ 教师播放音乐开始活动并要求学生们在教室里走动。告诉学生们必须一直处于走动状态且不允许相互交谈。

◎ 片刻后，关掉音乐。这便暗示学生要去寻找讨论组。第一次“音乐停顿”时学生们要找到一个搭档并与之讨论索引卡上的问题1，第二次“音乐停顿”时学生们要找到两个伙伴讨论索引卡上的问题2。

◎ 通过四次音乐停顿，待学生回答完这四个问题后，教师要把所有学生聚集起来并听取他们的活动报告。教师可以让学生们分享他们自己的观点或者在活动中听到的别人的观点。

活动实施技巧

你可以指导学生每次如何去处理给定的问题回答时间。例如，如果每个问题你将给学生们五分钟的时间去讨论，那么他们则需要每次按照讨论组的人数来分配各人的发言时间。或者教师甚至可以更精确地指导学生，给学生们的发言间隔计时，只要每次宣布“换人”，下一名学生就要开始发言。

实　例

◎ 一位三年级数学教师在新学年开始时采用这种活动来了解新生们的数学技能和数学能力。他提出的问题如下：

1. 我在加法运算中使用的一个运算技巧是……

2. 我在减法运算中使用的一个运算技巧是……

3. 当我不知道问题的答案时，我……

4. 当我学习数学时，我可以向……寻求帮助。

◎ 一位教创作型写作的教师经常采用“伴随音乐讨论问题”这个活动让学生们去提出一些新观点，并用这种活动给学生们一些新颖而不同的方法去帮助他们从其他作者那里获得信息反馈。有一天，为了推动学生们去创作一个新故事，他给出了“一个抢劫银行者”这个故事题目和如下的要求：

1. 描述一下她。

2. 介绍至少三件关于她过去经历的细节故事。

3. 描述一下她即将抢劫的银行。

4. 你所能想象到的这个故事的一个剧情转折是什么？

接下来该教师让学生们迅速地回到自己座位上然后开始写作。她要求学生们写至少20分钟的时间且不需要“思考、停顿、编辑或评估”。

有的时候，这位教师会亲自参加活动。每次她使用“伴随音乐讨论问题”活动的时候，她都会在一些学生索引卡上的某个问题或提示性语言旁边贴上一颗星星。这表明这些学生在回答该问题的时候，需要找到他们的老师并与之进行讨论。这便是该教师去倾听学生们的观点，给出建议和获取信息，对学生们的表现进行微型评估所特有的一个方法。这种方法不但能给学生们提出挑战，而且对有学习障碍的学生很有帮助。

参与度最大化法则

◎ 选用一些学生们喜欢的或者觉得很有趣的音乐，或者如果有的学生看起来脱离了活动或者对活动不感兴趣，教师可以让他们来选择活动所需的音乐。

◎ 教师可以通过给不同的学生分配不同学习任务的方式来进行差异性教学。也就是说，并不是所有的学生都有相同的问题或者相同的任务。例如，在我们四次问题转换的任何一次活动中，教师可以指示大部分学生去分享他们的观点和策略，而其余的一小部分学生需要按照索引卡上的指示活动，例如：去找到教师组成讨论组（比如我们上文提到的实例），去检查信息来源（例如去图书馆寻找信息），去练习一项符合个别化教育计划目标的技能，或者去其他小组做一些观察。

◎ 为了吸引动觉学习者们积极参与活动，教师可以要求学生们在活动中以某种特定的方式去舞动或走动。例如，有一位教师碰巧讲到埃及这课时，要求所有的学生在教室里走动的时候都要模仿埃及人走路的样子，她还给学生们播放了当时埃及有名的音乐来增加活动乐趣。

课堂应用心得

____

____

____

“爆米花”问答活动

“爆米花”问答活动是控制课堂混乱的最有效的方式。我们之所以这样命名此活动，是因为在活动过程中，学生们在教室里四处随意地走动。当教师想让学生们在短时间内分享信息，相互交流相互学习，并且从不止一个同学那里获取观点或意见的时候，采用“爆米花”问答活动是非常有效的。教师若想引导学生们之间展开更多的交流、提问和讨论，“爆米花”问答活动是个最佳的选择。

指导原则

◎ 首先指导学生们两人一组摆成“膝盖对膝盖、面对面”的姿势（学生们可以跪在地板上，站着或者坐在椅子上）。

◎ 之后命令学生们决定活动角色：两人之中必须有一个在整个活动中是静止不动的，另外一个必须是可走动的。

◎ 当教师给出第一个问题口令时（例如“说出你所知道的关于希腊的所有信息”，“指出可以用作测量器的所有工具”），静止不动的学生将要开始回答并且要一直持续不断地说直到教师说“换人”为止。在这段时间内，可走动的学生不允许做任何发言。

◎ 当教师说“换人”时，可走动的学生就要开口说话，回答同样的问题。此时，静止不动的学生不能说话而只需要听即可。

◎ 几分钟之后，教师喊出“爆米花”口令。当学生们听到口令时，需要立即停止说话，可走动的学生们需要起立并去另一位静止不动的学生对面找一个空椅子或者一块空地坐下。

◎ 接下来，继续进行活动。当教师给出下一个问题口令时，同样是由静止不动的学生首先回答问题（静止不动的学生在整个活动中都将首先回答问题）。

◎ 需要重点强调的一点是学生们在倾听对方发言时不能开口说话，他们需要在搭档分享观点的时候保持沉默。

活动实施技巧

活动开始之初让各学习小组分散在教室各个地方，各小组之间分散的距离要尽可能远一些，以便使学生走动和更换座位的时候更容易些。

实　例

◎ 一位美国历史老师采用“爆米花”问答活动活动给学生们相互学习的机会，并让学生们在这个小的班级里亲眼见证意见的分歧。对于正在学习选举权这个问题的学生们该老师提出了如下问题。

★ 选举权是否与民主有关系？为什么？

★ 你认为为什么男人们不愿意让女人们参与选举？

★ 你认为为什么有些妇女不想拥有选举权？

★ 妇女政权论者/参政权扩大论者承担了那些风险？

★ 谁是选举权运动的英雄？

◎ 一位六年级教师采用“爆米花”问答活动与学生们一起复习巩固团队合作的要素这个知识点，她给学生提出如下问题。

★ 成为一名队员意味着什么？

★ 合作对你来说意味着什么？

★ 协商对你来说意味着什么？

★ 你将如何鼓励你的队友，尤其是特殊队友？

★ 你能为自己的团队贡献哪些才干？

◎ 当学生和自己的搭档们回答完每一个问题后，该教师把所有学生重新集合起来成为一个整体，并且让学生们一起分享从同学那里听来的观点，之后，他们起草了一份团队合作指导方针，供他们今后整个学年的活动使用。

一位患有自闭症的学生，在活动过程中很紧张，他主动要求担当两人小组中静止不动的那个角色，并且要求在教室外面与搭档见面，通过这种方式他给出了自己的答案，另一名患有听力障碍的学生也提出了相同的要求。因此，当学生们更换搭档的时候，他们不但要扫视班级里的同学也要看一下班级外边的同学来寻找自己的新搭档。

参与度最大化法则

◎ 让每组搭档中需要更多帮助才能快速想出问题答案的学生，担任可以随意走动的那个角色，这样他们将会在被要求回答问题之前首先听到搭档们的观点。

◎ 提出问题，然后再给学生们一分钟的思考时间，以便每组中的搭档二人都能有时间确切地表达出想法。

◎ 有些学生可能对如此多的走动和活动感到不适应，教师可以允许这些学生减少更换搭档的次数或者不换搭档。

◎ 确保让班里最主动的学生担任可走动的角色，这样将会让他们得到教师批准走动的机会。

◎ 如果有必要的话，允许几名学生在参加活动之前先在教室里四处走动并倾听一下同学们的谈话。这个偷听者的角色可以在活动第一轮的时候安排加入，或者在整个活动过程中都可以有这个角色。教师也可以让班里的几位学生担任偷听者的角色，以便收集学生们学习情况方面的数据或者去观察和鼓励学生之间的合作行为。

课堂应用心得

______

______

______

______

______

______

“抛纸团答问题”游戏

教师如果想让学生们交换意见并相互讲授知识，可以尝试一下“抛纸团答问题”这个非正式且很有趣的活动。在这个活动中，学生们能够提问和回答问题，并与同学们分享专门知识。此外，他们可以在班上折纸飞机而不被责罚。这项活动不但是一种教师用来强化学习内容的工具，也是一种缓解课堂气氛的便捷方法。

指导原则

◎ 活动开始时给每位学生发放一张纸（或表3.1所示一张可使用的工作单），同时提醒学生们在纸张的顶端写上自己的名字。

◎ 接下来告诉学生们把纸张对折一下，在上半部分写上“问题”二字，下半部分写上“答案”二字。

◎ 然后给学生们几分钟的时间去提出一个与近来所学内容有关的问题。

◎ 告诉学生们写完问题后把纸张揉成一个球（或者折成一个纸飞机）。

◎ 待所有的学生都完成上述任务后，告诉他们“抛出问题纸团”，他们需要把手中的纸团投掷出去，注意千万不要打到别的学生。

◎ 待学生们投掷完毕后，邀请他们捡起一个纸团，打开，开始回

表3.1 “抛纸团答问题”游戏工作单

“抛纸团答问题”游戏

提问者姓名＿＿＿＿＿＿＿＿＿＿＿＿＿＿＿＿

回答者姓名＿＿＿＿＿＿＿＿＿＿＿＿＿＿＿＿

问题：

答案：

答上面的问题。给学生几分钟的时间去完成任务，然后命令他们重新把纸揉成一个球。

◎ 再次让学生们把手中的纸团抛向空中，并重新从地上捡起一个来。这一次，他们的任务是检查第一位同学给出的答案，然后加上另外一些能够给提问者帮助的信息。

◎ 此时，如果所提的问题是有事实依据的，那么教师可以允许学生查看课本或其他资料，以便确保他们分享到准确的信息。

◎ 最后，让学生们把纸团抛给他们的主人。

◎ 可以请个别学生分享他们的问题和答案。

活动实施技巧

如果教师不想出现纸团在空中四处乱扔的混乱局面，那么可以采取一种更可操控的形式来进行活动，即让学生把手中的问题纸团投掷到一个垃圾箱或大碗里，然后在相同的位置重新拿回一个，或者可以让学生四目相对，通过一个简单的人对人投掷方式轻轻地互换纸团。

实　例

◎ 在高二年级某个班的英语课上，教师让学生们玩“抛纸团答问题”游戏，所有的问题都与他们正在学习的一篇小说埃利·威塞尔的《夜》有关。所提问题包括“埃利·威塞尔是如何在这种困境中幸存的”，“此书的题目意味着什么”，“埃利·威塞尔在书中经常写到父亲与儿子，为什么这个话题会是此书的一个重要主题”。学生们把这些复杂的问题纸团抛掷两次，教师给纸团接收者十几分钟的时间去尝试回答。接下来，学生们第三次把问题抛掷出去，接受者来填补遗漏信息，增加详细说明或者提出别的意见。

◎ 位于美国马萨诸塞州的四年级的一个班里，学生们正在学习他们本州的概况。教师让学生们提问并回答问题，这些问题都是关于他们最喜欢的马萨诸塞州的事物。所有的问题都是开放性的，并且不是以实施为依据而是取决于学生们的个人喜好。例如，该教师给学生们提出这样一个问题 :“在马萨诸塞州你最喜欢的旅游景点是什么？”并且把该问题抛给一位学生，这位学生说她最喜欢去“自由之路”，它是关于美国独立战争的一处名胜古迹。接下来这位学生把问题抛给了另一位同学回答。学生们把自己的问题在教室里投掷五次然后再拿回来作为一个语料，他们可以把这些语料用在接下来的报告中。

参与度最大化法则

◎ 如果某些特殊的学生在写问题这个任务上有困难，教师可以给他们提供一组在便条上预先写好的问题。这些学生们的任务就是读一下这些问题并从中选取一个，将含有该问题的便条粘贴在纸上。如果不存在书写问题，教师可以给学生们提供一些有可能提到的问题，并允许学生们将其抄在纸上。

◎ 一旦学生们抛出纸团后，让他们与搭档一起来回答自己的问题，这种方式可以确保问题的准确性，并且可以激发学生想出更有思想深度的答案。

◎ 为了适应某些学生的需求提高活动的挑战性，教师可以亲自参加活动，给出一些更丰富的问题，尤其是一些高难的问题，指定某些学生接收老师的“投掷”团来回答问题。

另一个活动版本

教师可以不采用问题和答案的形式，而是让学生通过“抛问题游戏”这个活动去完成一项集体任务。例如，一位中学语言艺术教师让他的学生们共同写一首诗，首先让一名学生在纸上写出诗的第一行然后把纸团抛给另外一名同学，该同学要在第一行下面再写一行，依次类推。故事、情况说明书、论文、散页乐谱、图示和其他形式的文件都可以采用这种方式来写。

课堂应用心得

“问问题猜卡片”游戏

学生们通过玩“问问题猜卡片”游戏将学会如何理解学习内容，同时他们也将会学到一些解决问题的技巧，例如询问法和排除法。尽管这个游戏需要教师提前做一些准备，但是一旦索引卡做好并且所有学生对游戏规则了解以后，这个游戏可以反复多次地玩。

指导原则

◎ 制作一套上面带有名称、概念、观点或者定义的索引卡。例如，几何学老师可以制作一副卡片，每张卡片上各有一个不同的几何图形（例如菱形、直角）。

◎ 在每位学生的后背或者其他地方上，贴一张卡片来向其他同学展示卡片内容。

◎ 贴有卡片但不知道卡片内容的学生，需要提问一些是非题来确定他们卡片上的内容。以上文提到的几何学为例，学生首先可以提问“我是一个三角形吗”或者“我有直线吗”。

◎ 尽管这个活动通常仅仅是为了娱乐课堂，但它可以帮助学生们以更加复杂的方式去思考课本内容。在这个游戏里学生们要想猜出自己卡片上的内容，就必须进行批判性的思考并关注细节。例如，如果学生想尝试猜出自己卡片上的几何图形，那么他们就需要确定能够区分这几种不同几何图形的主要因素（例如画图的工具、是否有直线、如果有角会是什么类型角）。“问问题猜卡片”游戏这个活动能够增强学生对特殊概念的理解力。

活动实施技巧

如果教师制作的卡片信息或概念对学生很具有挑战性，那么不妨考虑在把卡片分发给个人之前，把所有的卡片出示给所有的学生看一下，这种方式将会使游戏进展得更顺利。

实　例

◎ 一位高中化学教师在讲授化学元素周期表这节课时，采用了“问问题猜卡片”游戏。他给每位学生后背上贴上一张只含有一种化学元素的卡片，让他们按如下方式提问“我是一种固体吗”、“我是一种液体吗”、“我重吗”、“我有化学惰性吗”和“我的名字里面有没有这个化学元素符号”。

罗伊是班里一位需要额外挑战性训练的学生，他负责在班里四处走动，去帮助那些有困难的学生想出更好的问题来缩小猜测范围。某个同学在活动中陷入了困境，不能猜出他所代表的化学元素。罗伊提出了如下问题“我能用来进行原子核分裂吗”和“我的元素符号第一个字母是P吗”。当听到“是”的回答后，他很正确地猜出那个化学元素是钚。

◎ 一位高一年级的英语教师采用了“问问题猜卡片”游戏来帮助学生们学习和了解小说《了不起的盖茨比》中的人物。为了能够给每位学生一个独一无二的标签并使得活动更具有挑战性，这位英语教师在游戏中提供的信息包括：故事人物（例如盖茨比、黛西）、故事象征物（例如鲜花、灰烬）和故事题材（例如暴发户）。班里有个名叫辛妮的女孩，她有认知障碍，为了她教师把活动做了一点调整。学生们在课上玩了两次这个游戏（一次是讲到故事一半的时候，另一次是讲完整个故事的时候），在这两次游戏里，辛妮知道老师都会分给她一张带有人物名字的标签（而不是一个故事象征物或一个题材观点）。辛妮和一位同学一起把不同故事情节里的人物性格特征和人物描述复习了一遍，并且和班里的一位辅助专职人员提前排练提问了一些问题，因此，辛妮在这两次游戏中都能够通过“我是男性还是女性”、“我死了吗”和“我富有吗”这样的一些简单问题猜出了标签上的人物。

参与度最大化法则

◎ 为帮助那些有阅读障碍的学生，教师可以给卡片上的文字信息附上与之相匹配的图片。

◎ 有些学生可能需要一些使活动开始的始发性问题，教师可以给这些学生几个关键的问题来帮助他们开始游戏（例如“我是一个人、一个地方还是一件事情”）。

◎ 让学生们制作游戏所需的卡片信息包。教师可以把这项任务作为一种丰富活动内容的工作，分派给那些需要更高挑战性的学生们，也可以让每位学生和自己的搭档一起共同制作两张卡片，来积累全班做游戏所需的卡片。

◎ 给那些游戏之初便能很快猜出答案的学生们一个“海绵”活动，指导这些学生迅速坐下然后写出从游戏问答中学到的三件事情。

◎ 教师可以考虑给游戏增加几个额外的角色，可以让某些学生在教室里四处走动给提问者和回答者提供一些暗示，另外一些学生可以仅做观察并记录学生们之间传递的信息。

课堂应用心得

“电椅审问”游戏

“电椅审问”游戏为教师组织学生从事技能训练和获取信息提供了一个快节奏的方法，它还可以被教师用来以一种更高效的方式从每位学生那里收集信息，并可以促进学生面对面的互动。此外，由于“电椅审问”游戏活动要求学生需要分别和几个不同的搭档一起工作，因此，这是一个在新学期开始帮助学生们相互认识的非常好的活动，也适用于整个一学年其他重要的场合。

指导原则

◎ 让学生们站成面对面的两行。告诉学生他们这两行其中一行将作为审问者，而另一行则要作为被审问者并要坐在“电椅”上。

◎ 为了开始游戏，教师要给每个审问者一个问题，或者要求他们自己想一个问题，每个审问者的问题都不能相同。

◎ 质问活动开始，每个审问者开始审问坐在电椅上的人。

◎ 在教师宣布“下一个座位”之前被审问者都有一小段时间来回答问题。一旦听到教师的口令被审问者必须挪到下一个座位上，坐在另一个新的搭档对面。这样，在每次轮换座位之后审问者都要向新搭档提问同样的问题。

◎ 待一整轮的问题都问完后，审问者与被审问者互换位置从而交换角色并开始第二轮活动。同样的问题可以在第二轮活动中使用，也可以换用别的问题。

活动实施技巧

这个活动非常适用于那些需要多次努力才能学会或记住所学信息的学生们。教师可以首先让这些学生担任审问者的角色，这样他们便能反复地阅读问题并听取多个同学的答案。

实　例

◎ 许多小学教师在教授学生们如何运用收集到的关于学生喜好的信息进行数据收集和绘图时，采用了“电椅审问”这个活动。每位审问者分别提出一个允许有多种回答的问题（例如“你最喜欢的颜色是什么”）。之后，在整个活动过程中，教师给每位审问者分发一张图表并根据每一个坐在电椅上被审问者的答案绘制图表。活动结束的时候，审问者能收集到至少10个不同问题的数据并将其绘制成图表。

另一个活动版本

教师可以不让坐在电椅上的学生循环挪动，而是让审问者把手里的问题按顺序往下传，这样每组学生都会得到新的信息来进行提问和回答活动。

参与度最大化法则

◎ 教师或学生可以进一步开发那些审问者曾经用过的问题，或者由教师组织活动以便让学生们既能回答一些由教师提出的问题，也能回答一些由学生们自己提出的问题。待审问者将教师的问题提问几轮以后，教师告诉他们必须亲自给被审问者提出一个相关的问题。

◎ 需要对有关信息进行更多训练的学生可以留在审问者的位置上。

◎ 对于那些学习目标在于掌握某些特定内容的学生，教师可以安排他们组成较小的两个组来复习这些特定的内容。因此，在一个拥有24名学生的班里，教师不必把学生分成12人为一组的两组，而是可以把他们分成两个“电椅”活动小组同时进行活动，即在教室的一边有两个六人为一组的活动组进行活动，教室的另一边也有两个六人为一组的活动组进行活动。

课堂应用心得

____

____

____

____

____

“说出来”互动阅读

“说出来”这个阅读策略是由绍特、哈斯特和伯克在1996年共同提出来的，它能提升学生们的理解力并促进学生对课文内容的意义构建。在此活动中，学生们一起阅读一篇文章，然后在某些关键点上，他们停止阅读并就所读到的内容互换观点。该活动鼓励学习者去寻找新信息和他们原有知识之间的关系。

这项积极主动的阅读活动，对那些有阅读障碍的学生和那些在课下不能阅读材料的学生们特别有帮助。教师在课堂上采取这种阅读方式可以保证学生们注意力都在“同一页上”，关注相同的课文内容。

指导原则

◎ 选取一段课文，课文长度可以从几个句子到几页不等。

◎ 把学生们分成两人一组的活动组，并把该段课文材料分发给每位学生。

◎ 告诉学生们要和搭档一起阅读这段材料。教师指导学生首先要浏览一下课文，然后决定在文章的哪个地方停下来并相互“说出来”。告诉学生他们可以去分享脑海中想到的一个问题，表明一种看法，把有关信息与个人经历联系起来，记录一些特别有趣的事，或者改述一下所读到的内容。

◎ 要求学生开始阅读。提醒学生们在阅读的过程中要不断地重复停止阅读、分享观点和继续阅读这些环节直到他们读完整个阅读材料。

◎ 等所有小组都完成阅读任务后，接下来的全班讨论活动将会顺利开展。

活动实施技巧

教师在教给学生们这项阅读策略的时候，有必要给学生们阐明活动的过程并且要给学生们提供一系列不同的如何去“说出来”的方法。活动期间，教师应当在教室里四处走动以确保学生们不偏离讨论话题，同时也便于教师监控学生活动进程。该活动的目的是让学生相互给予评论而不是展开辩论或讨论。

实　例

◎ 一位高中科学课教师在讲授创世论与进化论对比这一单元的时候采用了“说出来”这个活动，为了在新授课的第一天便能激起学生们的学习兴趣和辩论，他选取了两个短文材料，一个摘抄自一篇宗教文章，另一个是由著名考古学家理查德·利基写的一篇论文。

◎ 鲁本是一个五年级的学生，他是个盲人也是个非常有天赋的音乐家，他总是喜欢和他的音乐老师谈论他与家人一起看过的歌剧以及他正在学习的新钢琴曲。为了帮助鲁本与大家分享他的才艺，他的音乐老师以一种独特的方式采用了“说出来”这个活动。在让学生观看《彼得与狼》这部交响乐童话之前，这位老师先让学生们听了这部交响乐中的几个短音段。她要求学生在听的时候要注意这些音乐是如何描绘故事中的人物的、音乐的动感（响度和柔和度）以及音乐的节拍。接下来，该教师提示学生们从班里各自找一个搭档并给他们说一说老师在本节课上提醒大家重点注意的那几个不同方面的关注点。为了给学生们阐明如何开展活动，这位老师和鲁本给大家做了示范。鲁本就作曲者的乐器选择这个问题（例如，鲁本注意到所有的人物都有其特定的乐器去表现他们）所给出的复杂的回答震惊了全班同学，不但帮助他们学到了更多关于这部歌剧的知识，而且也使他们更深入地了解了正在进行的“说出来”这个学习活动的具体实施步骤。

◎ 一位高中美术教师采用这个活动策略，给学生们介绍了弗里达·卡洛、马克·夏卡尔和萨尔瓦多·达利的超现实主义绘画风格。他发给每对学生一组图画，这些图画都是上述几位艺术家画作的复制版。然后该教师使用一个煮蛋计时器（约3分钟漏尽的沙漏）给学生们计时，让他们仔细研究每位艺术家的作品。在每个3分钟时间段的间隔处时，教师提示学生们停止研究并相互说说自己的观点。之后，这位教师让学生们评论一下自己对画作的主观感受，这些绘画风格的相同之处和不同之处，及隐藏在画作背后作者意图表达的意义。

参与度最大化法则

◎ 正如以上实例所示，“说出来”活动可以用在非文本材料的学习中，学生们可以与搭档一起学习关于某个话题的文字材料，也可以一起研究一些其他视觉媒体（如相片、图画）。

◎ 学生们也可以被教师安排与其搭档阅读同一话题但不同阅读水平的材料。在停止阅读相互讨论的时候，他们要相互分享从各自特定的阅读中获得的知识。

◎ 在“说出来”活动中，学生们可以与搭档一起大声朗读材料。

◎ 若小组内两名学生阅读速度不同，先读完的学生可以在等待其搭档完成阅读的过程中将自己的阅读评论写下来。

◎ 学生们可以和搭档一起把活动中提出的一系列评论和问题记录下来并在班级讨论中使用，这些记录也可以帮助教师评估学生们的任务完成情况。

◎ 教师可以规定学生互换信息的性质，就像上文那个音乐课实例那样。

课堂应用心得

____

____

____

____

____

____

 “破解密码”教学活动

我们大多数人上学的时候，在纸上乱涂乱画会被看成是一种分心行为或精力不集中的表现。尽管时代变了，许多老师也了解到学生们在乱写乱画的同时也可以保持精力集中，但是他们并不鼓励学生们在笔记本上乱画或者在试卷上做标记。然而，教师如果在教学中采用“破解密码”这个活动，学生们当中的艺术家（或者至少是涂鸦爱好者）将会得到奖励。“破解密码”活动也可用来检测学生们对某篇指定阅读材料、说明书、课本概念或作业难题等的理解情况。

指导原则

◎ 在学生们阅读书中的某个章节或者某篇课文时，让他们在空白处用符号标出书中不同的部分或要点。标记符号必须能够反映他们对材料的理解程度。例如，以下标记符号：

★ 对号（表示已经理解——“我明白了”）

★ 问号（表示不理解——“我对这个概念还不太确定”、“我不明白作者正在试图说什么”或者“这个单词令人费解”）

★ 感叹号（表示有趣的观点或者学生们对材料理解得非常好——“我确实明白了”或“我想讨论一下这一点”）

◎ 学生们可以用铅笔在工作单上、自己的课本上或者材料复印件

上标注符号。

活动实施技巧

学生们在学习课本的时候，可以使用贴便条纸来做标记，这一系列便条纸可以收集起来在其他活动中使用。

实　例

◎ 一位教师首先给学生们列出了当天实验的步骤，在组织学生们进入实验室之前，他要求学生们阅读一下实验的指导说明并检查一下需要完成的每一项任务。该教师要求学生采用两种符号标记，对号表明“我知道要做什么”，问号意思是“我对此有点迷惑不解”，之后他便静静地在教室里走动观察学生们的标记活动。学生们的这项评估活动使他意识到有很多学生对实验步骤6中的生词感到迷惑，因此，他花了一些时间给学生们详细地解释了一下这个步骤。在这个活动环节中，该教师也给那些在标记过程中出现困难的学生们提供帮助。这种帮助的好处是学生们听完教师口头指导后，需要根据自己的理解更加仔细地阅读实验步骤。结果，该教师发现在活动进行过程中学生们不懂的问题和随机性问题变少了。

◎ 一位数学教师在给学生们布置代数作业之前使用了“破解密码”这个教学活动策略。她要求学生们提前浏览一下布置的问题并根据自己的理解程度做标记。她发觉有几个学生对解答其中某个问题特别有信心。在下课之前，她请这几名学生给大家讲解了这个题而其他学生则要记笔记，这样他们的家庭作业中就减少了一个难题。

参与度最大化法则

◎ 这个活动可以在教师讲课过程中开展或者在教师讲完一个概念之后进行。教师要给学生们提供擦写板或者一些纸张来标记他们的理解程度。在某些特殊要点上，教师可以询问学生们是否理解。学生们

另一个活动版本

教师可以不让学生用符号代码来表示自己的理解程度，而是可以让学生们用符号代码来促进其更好地做笔记。首先，让学生把笔记纸分成四个象限或四栏，在每一部分里画上一个符号。

◎ 一个灯泡（代表新观点）

◎ 一把钥匙（代表关键信息）

◎ 一个问号（代表让人感到困惑的东西）

◎ 一个笑脸或简笔人物画（代表学生想要与别人谈论的概念）

在教师讲课或者促进学生进行集体讨论的时候，要鼓励学生们将所得新信息记录在恰当的版块里，这个活动可以帮助某些学生更容易地确定所学内容的疑难点。

教师也可以要求学生设置一些额外的符号来帮助他们做笔记，并使所学内容更容易记忆。

可以作为一个大组向教师展示他们的符号来获得教师的即时评估。

◎“破解密码”这项活动可以被教师用作一种培养学生之间互助的策略。教师可以让所有的学生读一篇课文然后就自己的理解程度做一下标记。教师根据这些标记，可以自然地把学生们分成一些“教与学”搭档组合来弄清其在阅读中读不懂的地方。

◎ 对于那些有重大理解障碍的学生，教师可以和他们一起根据指导性问题对课文内容进行标记。例如，“在阅读过程中，你理解造成经济大萧条的两个原因吗？理解还是不理解？”教师可以根据学生们的反应安排额外的复习或者讲授某些特殊的概念。

课堂应用心得

“卡片配对”游戏

这个游戏要求学生们以有组织的活动方式进行互动互助来取得成功，它是改变课堂枯燥乏味的操练和练习活动的一剂良药，对于教师教授和引领学生复习一些事实、日期、词汇和定义特别有帮助。

“卡片配对游戏”让学生们离开自己的座位进行活动并且可以帮助那些有学习障碍的学生取得成功。如果某个学生在活动中不能找到正确答案，那么答案可能会自动送上门来。

指导原则

◎ 首先要制作两组卡片（A组和B组），A组里的每张卡片必须与B组里的每张卡片相匹配。例如，教师可以设置一组问题（A组）和一组答案（B组），一组话语（A组）和一组定义术语（B组），或者一组不完整的句子（A组）和一组用来补全句子的词语（B组）。

◎ 教师给每位学生发一张索引卡并告诉他们在教室里四处走动，与其他同学交谈，并把自己的卡片与同学的卡片比较一下。

◎ 教师要指导学生们相互帮助去寻找他们的匹配对象。

◎ 一旦学生们找到与之相匹配的卡片和同学后，他们就要坐到那位同学旁边并与之一起等候其他同学寻找匹配对象。当所有的学生都找到匹配对象后，每一组学生都要与全班同学分享他们的卡片信息。

◎ 每组学生可以简单的读一下他们卡片上的信息或者根据他们从卡片上学到的信息考查一下其他同学。

活动实施技巧

为了保证已经找到匹配对象的学生继续进行活动，教师可以在卡片的背面附上一些相关的信息、琐碎知识或者“头脑风暴”问题。这样，那些学生们在等待其他同学找寻匹配对象的时候可以与同伴讨论一下这些附加的内容。

实　例

一位教师为了给大家展示她一名学生的才能采用了这个“卡片配对”游戏。这位学生是一个患有自闭症的女孩，对火车非常感兴趣。在教师讲授交通运输系统那个单元时，她制作了一组卡片，这些卡片包含了一些与火车有关的概念、单词和短语。而在另一组卡片上，她写上了一些与第一组卡片内容相匹配的定义。例如，在一张卡片上她写上了“直达车”这个短语，在另一张卡片上，她写出了“直达车”的定义。同学们必须为这些术语和短语找寻匹配信息，这些术语和短语对他们来说大部分都是新知识。

这次活动改变了学生们对他们同班同学的一些看法，同时也给了玛恩勇气去和大家分享她的专有知识。此外，所有的学生对这个游戏都非常感兴趣，并且都渴望轮流为大家制作活动所需的卡片。

参与度最大化法则

◎ 让所有的学生都参与卡片制作工作。像我们的实例中那样，如果某个学生在某一独特的领域拥有专门知识，那么在活动中成为卡片制作者是非常值得嘉奖的。

◎ 鼓励学生们相互帮助。教师要提醒学生，他们可以给同班同学提示来帮助他们找到匹配对象，教师甚至可以给学生们展示如何给予别人帮助。例如，给他们展示如何给其他同学提示（而不是答案）或者展示相互之间如何提问清晰明了的问题。

◎ 为某些学生的卡片做颜色标记或者加注风格化文本信息以便帮助他们缩小寻找范围。例如，有位教师在采取这个“卡片配对”游戏的时候，帮助学生学习西班牙语词汇，把单词写在白色卡片上而把定义写在粉色卡片上，此外，所有的动词都用斜体字。因此，如果某个学生的卡片上印有“下萨尔塔跳棋”这个词，那么他则知道自己仅需找寻那些持有粉色卡片并且其字体也是斜体的同学即可。

课堂应用心得

“问题纸袋访谈”活动

在当今繁忙的标准化课堂上，学生们比以往有更少的时间去参加社会交际，提问和回答有关学校内外的生活问题。“问题纸袋访谈”活动可以被教师在整学年教学活动中定期使用，以便给学生们提供上述机会。在活动中，学生们往往会喜欢这项“我想知道我将抽到什么”的猜测活动，也将会乐于去了解自己的性格。

指导原则

◎ 为了设计这些独特的访谈活动，教师要写出一系列问题并将它们放在一些小午餐盒或者小纸盒里。

◎ 把学生按三到五人为一组分成几组，给每组发一个袋子或盒子。接下来，学生们轮流从袋子或盒子里抽取问题并回答它。任何时候，学生们都可以决定跳过某个问题并抽取一个新的问题。

◎ 教师可以采用“问题纸袋访谈”这个活动，给学生们提供相互了解个人信息或者评论课堂上不同学习话题的机会。活动中的问题还可以给学生们机会去与大家分享自己的故事和课程反思，例如，问题“你和科雷兹·豪斯（北美洲原著民族苏族的首领）哪方面最像？”能够提示学生在思考科雷兹·豪斯这个历史人物的相关信息的时候，也去透露一些自己的事情。

实　例

一位高中地球学教师定期使用“问题纸袋访谈”活动，作为一种复习策略和一种促进学生间积极合作关系的方法。在讲授地震这一单元时，他在“访谈袋”中设置了如下问题。

★ 什么是海啸？

★ 如果有人在有名的震区给你一座漂亮的房子，你会在那里安家吗？为什么？

★ 说出三种类型的地震波。

★ 你认为未来五十年里震区内的城市规划和房屋构造将如何变化？

★ 对于个人、城市或联邦政府来说，把地震灾害减少到最小的方法是什么？

★ 此单元中你学到的最有趣的地震知识是什么？

★ 解释一下焦点和震中的区别。

为了在活动中开展差异性教学，教师在纸袋中放入了几张“粉色纸条”，学生们知道这些鲜艳纸条上的问题比其他问题更有挑战性、更抽象。任何学生都可以选择这些问题，但是如果他不能回答，其他同学可以尝试着回答一下。

参与度最大化法则

◎ 如上述实例所示，教师可以用色码标注问题，这样学生们就可以根据自己的心情、技能水平或喜好对这些问题做出选择。不同类型的问题，例如较私人性的问题、较愚蠢的问题或较严肃的问题，可以选用不同的颜色来标注，教师也可以根据问题的难易度进行标注。

◎ 在纸袋中放入一些与学生兴趣相关的问题。如果某个学生刚刚做了哥哥，教师可以设置上与这个大事有关的问题。如果某个学生确实对甲壳虫乐队很感兴趣，教师可以设置一个与20世纪60年代摇滚乐有关的问题。

◎ 如果你想让学生采用扩大性或者替代性沟通方式，那么你可以要求全体学生用不同的表达方式轮流回答问题，以此来增加活动的乐趣，这些不同的表达方式包括符号语言、手势和图片。

◎ 如果班里的学生得到言语和语言理疗师的帮助，那么“问题纸袋访谈”这个活动则是一个很好的合作教学机会，活动过程中理疗师可以进入课堂，帮助所有的学生提高话题转换及提问和回答问题方面的技能。

◎ 如果教师真想有意识地让每位学生回答某种特定类型的问题，那么可以在相应问题上写上学生的姓名，当学生抽到一张纸条时，他要为该纸条上指定的学生读一下上面的问题。

课堂应用心得

____

____

____

“为态度站队”活动

“为态度站队”活动能够使教师迅速地考察学生们的观点和看法。同时，从该活动名称的字面意义上理解，这个活动也给学生机会去观察一下自己与其他同学相比对于有关问题的立场在哪儿。这项活动不但是帮助教师了解学生知识的一种方法，而且也是一种价值澄清法练习活动。

指导原则

◎ 首先教师要在高空给学生们展示一个5点式李克特量表。

◎ 给学生们几分钟的问题思考时间后，让他们选择一个最能描述他们对某个问题赞同程度的数字（例如“我知道如何解二项式乘法”，“我觉得克隆动物是道德的”）。教师一定要标明态度量表的刻度值，例如，如果你想用1代表不同意，2代表有点不同意等等，那么要在把这些态度标签贴在高空的李克特量表上或者在量表上画出来，或者直接贴到墙上。

◎ 接下来，让学生顺着墙边分散站开并且要站在与他们的赞同度最吻合的地方。

◎ 之后，教师随意挑选几名学生与大家分享一下他们的观点。教师可以请站在整条长龙队伍最前端的学生发言，也可以请站在最尾端的学生发言，或者请站在中间位置的学生发言。

实　例

◎ 在某个高中历史课课堂上，教师要求学生们通过玩“为态度站队”游戏来表达他们对以下陈述的态度：那些非常同意陈述内容的学生要站在靠近数字5的地方，那些强烈反对陈述内容的学生则要站在靠近数字1的地方，而其他的学生要根据自己的观点站在中间的某个位置上。

★ 约翰·亚当斯是一位美国英雄。

★ 殖民地居民（在波士顿倾茶事件中）为获得政治关注而进行破坏私有性财产的活动是合乎情理的。

★ 妇女在美国独立战争中发挥了重要的作用。

★ 本尼迪克特·阿诺德是一个叛国者。

★ 美国独立战争是一场必然的战争。

当学生们做出选择并在队伍中找寻到适合自己的位置时，这位历史老师请了几位学生与大家分享他们的选择理由。当他发现在队伍两端站着两个或多个观点截然相反的学生时，他会邀请这几名同学在全班面前进行一个简短而友好的辩论。

◎ 在五年级某个班里，教师用“为态度站队”游戏作为开始营养学这个新单元的一种方式，她告诉学生们，他们将用这个游戏作为一种评估自己知识、行为和信仰的方法，也将用这个游戏作为一种与同龄人对比生活方式和生活习惯的方法，她要求学生们对如下提示性问题做出回答。

★ 我的饮食结构很合理。

★ 我认为了解什么是好营养是非常重要的。

★ 我能准备出一份健康小吃。

★ 我知道与我身高和体重相仿的人合适的身材比例是什么样子。

★ 我认为运动非常重要。

★ 我喜欢吃水果和蔬菜。

★ 我吃了太多的垃圾食品。

★ 我认为广告影响着我的食物选择。

参与度最大化法则

◎ 有些学生可能对迅速形成自己的一个观点感到很费力。教师可以给这些学生一些时间去准备他们的答案，或者教师也可以选择给所有的学生一点时间去将自己对问题的迅速回应写在纸上，因而可以给每位学生一些书面表达练习，尤其是在形成和捍卫一个观点的时候。

◎ 把1到5这几个用大号字体印刷的数字贴在海报纸上并将这些数字板沿着墙跟贴到墙上，这样学生们能够清晰地看到每个数字符号标记在哪里。

◎ 为了进一步帮助学生分清他们的位置，教师可以让学生为自己的观点加上分数刻度值。这样在某个特殊问题上，当学生反对某个观点刻度值是1.5的学生时，就可以宣布他们的观点刻度值是1.5（这可能对数学老师特别有帮助）。为了进一步推进这项数学游戏，教师甚至可以指定一到两名学生担任数值计算研究员，他们的工作是观察李克特量表数值线和每一个点上的平均分。

另一个活动版本

这个活动可以很好地转变成两人组讨论活动。为了把学生们组成一些可以互换观点的二人搭档组，首先让学生根据自己对某个问题的态度立场站成一队。之后，把队伍从正中间一分为二并从队尾处折回来变成两组，这样原来队首和队尾处的两位学生便组成一个二人搭档组，依次类推（例如，1和20搭档，2和19搭档，3和18搭档，等等），把观点相反的学生组成二人搭档组并允许他们展开观点讨论。

课堂应用心得

第 4 章　创设积极主动的课堂

“全体答题”活动

当教师想要从课堂上得到学生们的学习情况信息时，通常需要靠单个提问的方式来听取他们的答案或者反馈。尽管这种方式有时候非常适用，但是它也有局限性，因为这种方式只能让一小部分学生积极主动地参与到学习活动中，并且有时候会使其他大部分学生处于一种“做白日梦”的闲置状态或者上课精力不集中的状态。为避免这种常见的课堂缺陷，教师可以尝试一下“全体答题”这个活动，这个活动里包含了一些帮助教师就某个问题能同时听到全体学生回答的策略。

指导原则

◎ 给全体学生提问一个问题或者就某个问题搜寻一下全班学生的答案。

◎ 教师要让全体学生知道，你希望他们能用一种新方式来回答问题。告诉学生不要用举手的方式，而是用另外一种方式告诉你他们知道答案。

◎ 这个活动可以采用多种方式，因为教师可以要求学生们在不同的情况下使用不同的方法和材料来回答问题。例如，学生可以采用如下方式回答问题。

★微型黑板或微型擦拭板。

★手指或其他身体部位（例如，若表示同意则可伸出三根手指，若表示不同意则可伸出两根手指，若表示不确定则可伸出一根手指；如果对教师说的话深有感悟则可以举起双手，但如果感触不深则可只举起一只手）。

★运动和活动（例如，如果你能回答我的问题请走到教室前面来，如果不能回答请走到教室后面去）。

★预制卡片（例如，当教师在黑板上写出一些单词时，学生要把这些单词的词性写在卡片上并举起来展示给教师看；当教师展示不同饼图的视觉图像时，学生要据其代表的面积大小在卡片上写出不同的分数并举起卡片展示给教师看）。

实　例

◎ 一位幼儿园教师运用“全体答题”活动给他的学生们讲解加法和减法运算。他给每位学生两张薄卡片，一张代表加法（+），另一张代表减法（-）。用两只青蛙木偶和几个苹果演示不同的场景，在这些场景里两只青蛙或者丢失了苹果或者找到了苹果。在每一个场景结束时，这位教师都要求学生们指出这个场景涉及到了加法运算还是减法运算。所有的学生要一起举牌，或者举（+）牌或者举（-）牌。

◎ 一位高中物理教师在给学生演示动量原理的过程中，发给学生微型擦拭板并提问了一系列问题。他搭起一个斜坡面并多次从这个坡面上滚下不同大小的汤罐，每次操作时他会把坡度设置的稍陡些或稍缓些。在整个演示过程中，学生需要用手中的微型擦拭板做出预测（例如，这个汤罐将会滚动得更快些还是更远些）。

参与度最大化法则

◎ 教师如果有意识地去设计和监控给予学生们的“思考时间”，这将会对活动的开展特别有帮助。大多数集体问答形式中一个失败原因就是教师只给学生们不足十秒的回答问题时间，因此，只有那些语言组织迅速的学生才能做出回答。尝试着设立一个计时器，给学生至少15秒到30秒的时间去完善他们的答案。如果教师想使这种等待时间成为课堂例行的程序，那么可以指定一名学生担任计时员负责组织集体回答活动。

◎ 给学生们机会去和其搭档比较一下自己的观点然后将二者的观点统一成一个，这个过程将会在活动中减少学生们的焦虑并增强他们的信心。

◎ 指定一名学生给大家提供正确答案，可以口头陈述也可以将答案写在卡片上。为了增加活动的挑战性，教师可以给这名学生提供两个或多个选择项。

◎ 给学生提供一张“提示单”以促进他们对所学知识的回忆。所有的学生都可以使用这张“提示单”，但是教师最好把它只提供给那些在回答问题时需要额外帮助的学生们。学生们可以在教师提问所有问题之前提前浏览一下这张“提示单”。

◎ 有些学生可能非常适合给大家提出一些问题或者给大家演示某个将要被解决的问题。例如在前面提到的那个物理课实例中，有两名学生可以做出判定并能用斜面和汤罐演示动量原理来测验其他同学。

课堂应用心得

____

____

____

____

____

____

分享与比较笔记

这项活动既要求学生独立工作也要求学生相互协作。“分享与比较笔记”活动对学生们来说是一种迅速（1到5分钟）的支持策略，它能给学生们机会去通过与搭档合作的方式检查自己做笔记的能力。教师使用这个教学策略可以帮助学生记录更好的笔记，也可以监视学生是否抓住了一天学习内容的重点。

务必要牢记这个活动的目的不是让学生们互换笔记内容，而是让学生们相互协作对他们共同理解的知识进行查缺补漏。

指导原则

◎ 这个教学活动需要与传统的讲授式教学法或集体讨论教学法一起使用。活动开始时，教师要求学生在听课过程中像以前那样做笔记。

◎ 接下来，把学生们按同桌或者让他们与坐在自己对面的同学一起工作，并指导他们相互分享和比较各自的笔记，要集中关注总结关键信息和找出误解的地方。

◎ 在讨论过程中学生们可以自己提出问题或者解决老师提出的某个问题。

实　例

一位高中三角学教师在组织学生们做笔记时采用了“分享与比较笔记”这个活动，学生们笔记的内容是如何用三角函数公式去计算三角形、扇形、弧形的面积。因为这些知识材料对所有学生来说都是新内容，并且很明显他们在学习理解的过程中都很费力，因此，这位教师讲课过程中每讲10分钟就会停顿一会儿，并让学生们与搭档分享和比较一下各自的笔记。他要求学生们要特别注意信息的精确度。在学生们一起工作去完善他们的笔记时，这位教师走到各个学生小组中间逐个回答每个小组的问题并给他们阐明概念。

参与度最大化法则

◎ 在学生们做笔记时，并不是所有的人都需要从一张空白页开始记起。教师可以给那些有学习障碍的学生、有认知障碍的学生、身体有残疾的学生和英语语言学习者提供一组向导性注释，以便使他们在听课过程中抓住要点，同时也可以确保他们能有准确的信息去与其搭档分享。

◎ 如果有些学生使用向导性注释也不能参加活动，教师可以给他们提供一组完整的课堂注释，同时要求学生们通过画出注释里的关键词或重要观点以及在那些自己想要和同伴讨论的问题旁标注图标或其他符号的方式来参与做笔记活动。

◎ 为了使该活动对某些学生来说更有挑战性，教师可以找出几个课堂笔记做得特别详细、特别准确和特别综合的学生来重新给大家讲解本节课的某些知识。

课堂应用心得

“立场与传达”活动

传统的问答式教学法只能让一小部分学生参与到和老师的课堂互动活动中来，而“立场与传达”这个教学策略则为教师教学提供了另一个可选用的方法。与传统的问答式教学法相反，“立场与传达”这个活动允许每一位学生在集体讨论中坚持己见。

这项活动能促进学生积极主动的聆听，因为他们必须专心地听取他人发言，以便去判定自己与他们的观点是否相同。它也能促进学生更高层次的思考，因为他们必须把自己的答案与其他同学的答案做一个比较。教师采用这个教学方式的好处在于，它能使教师直观地看到哪些学生的答案相同以及哪些答案最普遍。

指导原则

◎ 教师要提出一个问题，每个学生都要给出一个答案，这个问题必须是一个有许多不同答案或解决方案的问题（例如，“请你提出一个能有助于停止学校里的骚扰问题的方法”）。

◎ 待学生经过一段时间思考给出答案后，让所有的学生起立。

◎ 每次邀请一位学生大声地与大家分享他的答案。

◎ 当某位学生给出一个问题的答案时，所有与之答案相同的学生要坐下（包括被邀请回答问题的学生本人）。教师再邀请另外一位学生回答该问题，其他仍然站着的学生就需要判断一下自己的答案是否与之相同或足够相似以便能就坐。

◎ 重复进行这个活动直到没有学生站着为止。

实　例

一些七年级的学生在学习神话故事里的“男性至上主义/针对女性的性别歧视”这一单元时，教师要求他们回想一个之前听过或读过的、把女人描写成邪恶人物的故事，之后教师把学生们分成二人搭档组并给他们时间讨论。凯顿是一名不能用语言交流且患有认知障碍的学生，教师给凯顿提供了一些可供他查看的书以便让他把自己所获得的答案传递给搭档。凯顿的搭档帮助他把答案录在了他的辅助交际系统里，这样当他被邀请回答问题时便可以与大家分享了。这个活动给老师提供了一次评估，使他了解到学生们熟悉什么样的神话故事。在听完学生们的回答后，教师要求学生们进一步分析一下几种邪恶女人的类型（例如继母、姐妹、老妇人、拥有魔力的女人等）。

参与度最大化法则

◎ 教师可以把学生们分成几组并给他们时间去讨论一下他们的答案或观点；当学生们起立时，每个人必须代表一种不同的观点（而不是他自己的观点）供大家讨论。

◎ 如果某个学生不能够准确地判断出他自己的观点是否与其他同

学的观点完全不同，教师可以先请这位学生回答问题，这样他就没有必要对其他同学的答案进行评估了。这种方式对那些可能在活动中立即坐下从而避免参加活动的学生很有帮助。如果这些学生被首先邀请回答问题，他们则需要用口头表达的方式与大家分享答案。

◎ 学生们可以与其搭档或小组成员一起工作来得出一个统一的答案并且可以一起坐下，这样便能在加速活动的进程同时，也能给学生们提供机会去学习如何相互协作和综合观点。

◎ 如果教师想要关注一下活动中个体责任问题，那么可以要求学生们就自己的答案写出一个简要陈述或一些简略注释，这样教师就能核查到学生们是否给出了答案。

课堂应用心得

“吟唱和朗诵”活动

教师如果为了课堂导入，强化概念，或者仅仅为了让学生们能更好地参与到集体学习活动中来，那么可以尝试使用一下“吟唱和朗诵”这个有效且有趣的活动。教师让学生们不断重复背诵重点词组、单词或者观点，确实能使学生们变得更加机灵且能更好地参加课堂活动，但是教师采用吟唱或其他形式的诵唱活动将会有更多益处，它更有可能使学习者们对所学材料保持长时记忆。

指导原则

◎ 在进行一堂课的教学设计时，教师要选择一些你想让学生记住的单词、核心概念或者一个词组。

◎ 然后，寻找一个容易记住的或令人难忘的方法去重复背诵、歌唱或吟唱上述内容。

◎ 接下来，确定整堂课的几个可能的切入点把吟唱活动加进去。教师每次开始上课时，可以采用一些例行的吟唱活动来加强学生学习行为预期结果和提升学生们的学习热情。在课堂讲解的过程中，教师采用其他的吟唱活动来强化学习内容和提示学生该内容非常关键。

◎ 随着学习时间的推移，教师要组织学生反复地吟唱所学内容，这样的学习效果最有效。对于那些在多个语境中重复出现的概念或那些对培养学生其他技能起基础性作用的知识，学生可以采用吟唱的形式来学习。

活动实施技巧

尽管教师们对韵律诗（如“四六九冬三十天”）都很熟悉，但授课内容不需要一定是以诗歌的形式或单调的方式来记忆，只需要求学生口头重复所学的重要信息（如果可以的话，也可以用手势或肢体活动）就是一个强有力的学习策略。教师可以在日常教学中应用“吟唱和朗诵”活动而不需要太多甚至任何备课计划。

实　例

一位高中物理教师告诉我们他在讲授裂变与熔化这个话题时，经常让他的学生们唱“裂变和熔化释放能量”这句话。他说经常有些他之前教过的学生（在听过他的课好几年之后）在马路上见到他时，仍会走到他面前，然后大声说：“裂变和熔化释放能量。”

参与度最大化法则

◎ 把所要吟唱的歌词写在黑板上或者某个高处，以便所有学生都能跟随合唱。

◎ 给那些需要额外帮助的学生一份歌词副本，并用明亮的颜色突显出他们所要唱的那部分歌词。

◎ 如果可以的话，给歌曲配上动作或手势。例如，如果教师想利用这种吟唱活动帮助学生们学习西班牙语动词，那么可以让学生们一边说一边把这些动作表演出来。

◎ 如果可能的话，让所有的学生都参与到合唱诗的编写活动中来，教师可以给他们一个熟悉的旋律作为开头。

◎ 把吟唱歌曲录成磁带或者给参加活动的学生班级录像，这样教师在讲课的过程中或者在考试前便可以给学生回放这些资料。对于某个非言语交流的学生或者有严重身体残疾的学生，教师可以让他负责给全班录音或录像的工作。该学生可以使用一个独立的按压开关控制一台小录音机来完成录音工作，录音工作完成后，他可以使用这套设备控制磁带的播放来带领大家进行吟唱活动。

◎ 年幼的孩子们最乐意参加这种吟唱活动。例如，通常情况下，教师会要求小学的孩子们一起吟唱一些特定的数字组合。年龄稍大一点的学生可能不太愿意参加这种活动，但是如果教师让学生们以说唱形式而不是歌谣或韵律诗的话，将会激起他们的参与兴趣。

课堂应用心得

____

____

____

“绕转步”教学活动

此活动的目的在于提高学生集体讨论中发言者的数量，给学生们一些自我管理训练，以及给需要加强交际技能训练的学生们提供机会。因此，如果教师们所带的班级有许多有交际障碍的学生或者许多英语第二语言学习者，“绕转步”这种教学活动，对教师来说是一个特别有吸引力的选择。

教师可以在全班或者部分学生中实施这项活动。换句话说，教师可以“绕转”于整个教室里，或者选择只让一行的学生或者一小组的学生参加活动以便对学生们的观点做抽样调查。

指导原则

◎ 提出一个话题或者问题。然后等待学生们迅速做出几种类型的回答。教师可以在此活动中使用各种类型的提问方式，如下所示。

★ 句子开头(我认为掌握良好的语法知识是非常重要的，因为______。)

★ 开放性问题（你认为希特勒是如何让德国人配合执行他的计划的？好好复习准备考试的好方法是什么？）

★ 事实性问题（什么是首都？什么数能被100整除？什么是健康食品？什么是行为词？）

◎ 给学生几分钟的思考时间后，指定一名学生（通常是坐在一行的开头或末尾的学生）回答该问题。

◎ 听取完第一名学生的回答后，按照该行的顺序逐个请学生们回答该问题。

◎ 对于那些不能给出答案或者因为答案已经被其他同学回答过了而感到沮丧的学生，教师要鼓励他们去重复一下别的同学的答案。

实 例

◎ 一位二年级教师采用“绕转步”活动结束了生物的特征这堂课。她“绕转”在整个教室里，让学生说出一种生物的名字。

◎ 一位三年级教师在开始讲授参数这节课时，让所有的学生说出一种时间计量单位。

◎ 一位高中体育教师用“绕转步”活动来带领大家复习足球这一单元。他组织一小部分学生参加了这个活动，让他们在活动中完成这个句子“我们学过的一条足球规则是__________”。

◎ 一位高中合唱乐音乐教师让所有的学生观看他们上次的表演视

活动实施技巧

如果教师时间有限却又想采用这个活动，不妨考虑一下在学生们组织答案的时候给出一些参数要求。例如，你可以告诉学生，每个题他们都有15秒的思考时间或者每题答案只能用七个字来表述。

频并让大家回答如下问题“我们表演得怎么样”，答案不能超过六个字。

参与度最大化法则

◎ 让一些或全体学生使用抽认卡或者微型黑板与大家分享书面形式的答案。

◎ 提前给有需要的学生讲授学习内容，给他们提供一些内容提示。

◎ 当轮到学生们回答问题时，给出一些能让他们过关的选择。

◎ 提醒所有的学生注意，允许他们重复别人的答案，这样对全班都有帮助，因为学生们对于听过很多遍的内容、观点和概念更有可能记住。

◎ 教师可以在活动中，首先选择那些对于给出的答案存在判定困难的学生或者只能给出部分答案的学生来回答问题。

◎ 教师要在教室里多绕转几次，这样那些在答案分享活动中需要进行反复训练的学生，能够有机会大声地重复答案内容，而且所有的学生能够听到来自不同角度和不同声音的重要信息。

课堂应用心得

____

____

____

____

“编号协商”教学法

有些教师发现，即使是给学生时间让他们以小组的形式去分享观点，那些原来在大组讨论中占主导地位的学生在这种小组活动中仍然是占据着同样的主导地位。“编号协商”教学法，是由斯本瑟·卡甘（1992）提出并推广的，它鼓励学生全体参与活动，帮助教师从一个更广泛的学生群体中获取响应，同时也给每位学生一个平等的展示机会。

指导原则

◎ 把学生按照三人或四人的标准分成小组，并且给组内每位学生分配一个学号（例如，彼得是1号，尤兰达是2号，埃米尔是3号，艾莉森是4号）。

◎ 布置学生回答一个问题，思考一种观点，或者完成一项任务。例如，教师可以要求学生们说出他们知道的所有关于古罗马的事情，或者让学生们制作一组导体或半导体。

◎ 鼓励每一个人积极参与和奉献。然后，给各小组固定的时间去回答问题，一定要确保小组内每一个成员都能回答问题。教师要给学生们明确地指出，人人都要为其他同学们的学习负责。因此，彼得不仅要负责回答问题，而且还要确保其组员埃米尔、尤兰达、艾莉森也能回答该问题。

◎ 给各小组一些时间去一起工作，然后教师重新提问一遍问题并且喊一个学号（例如“告诉我一些你所知道的关于古罗马的事情，我想听一听所有4号同学们的回答”）。

◎ 各组号码为4的学生需要站起来，他们要负责给同学们和老师陈述答案。

◎ 接下来教师可以逐个请这些学生为全班陈述答案。

活动实施技巧

不妨考虑在新学年开学之初就把学生的“编号协商”活动小组分好，并且要求学生们在整学年都按照这个小组活动。这样，教师在上课的时候就可以迅速地组织学生进入活动而不用花费时间让学生报数或者去熟悉组员。在固定的日期，学生们进入课堂时，教师提醒学生今天要进行“编号协商”活动并要求他们按照相应分组选择或摆放座位。在全纳式教育课堂上持续不断地进行这种教学活动效果会特别显著，因为这将帮助学生们迅速地认识到他们将会定期的相互帮助、相互教授知识并共同合作工作。

实　例

一位高中普通音乐班的老师在每周五下午放学前最后15分钟都会组织学生们进行“编号协商”活动。整个一学年该活动的各小组都没有变动过，但是每周的问题都会变化。有时，该教师会提问学生一些关于音乐课课程的知识，例如，“古典音乐的特点是什么？”其他时候，这位教师活动的目的就是帮助学生更好地相互了解并且更高效地合作工作。例如，在新学年开始的时候，这位老师让学生们讨论：“我们的小组如何才能更一起高效地工作？”

参与度最大化法则

◎ 请两名学生共同回答问题（如“我想请2号与4号同学一起给出一个答案”）。

◎ 如果某个特殊的学生在大组集体讨论活动中存在困难，教师可以让其他学生在纸上写一个或者一些集体性的答案给那位学生参考或者交给老师。

◎ 如果班里有某个学生是非语言交际学生，教师可以给其所在的活动组充足的时间让他们把该生的答案录制在他的辅助性交际系统里，例如便携式编写器（见图4.1），这是一个便携式的、专为言语障碍者设计的文字转声交际辅助器。当教师喊到某个学号时，该组里的任何一名学生，包括这名非言语交际学生，可以用这个带有语音输出系统的键盘来回答问题。

◎ 如果通过“编号协商”这种活动方式依然有某些学生在讨论中占据主导地位，那么教师可以提供一些额外的活动规则，例如“在任何同学第二次发言之前其他同学必须要发言一次”。为了让这部分的

图4.1　便携式编写器

活动变得更加具体，有些老师用了木棍、鹅卵石和其他标记物。例如，每位学生都有一到两个标记物，每做一次发言后就需要拿出一个标记物作为公共标记物堆放在一起。当某个学生的标记物用光了的时候，他必须等到其他组员用完手中的所有标记物之后，再将这些公用的标记物重新分发并开始新的讨论。

课堂应用心得

____

____

____

____

____

____

“表述他人观点”活动

“表述他人观点”互动活动能够提升学生们的许多重要技能，这些技能包括：就某个问题做一个观点陈述或者回答、专注聆听别人意见、改写或释义、履行个体责任和视角分析法。“表述他人观点”能够迅速地动员全班学生参加活动。教师可以在课堂导入时采用这个活动来引发学生们的学习兴趣，也可以作为课堂教学的中间环节来检查学生们的知识理解程度，或者在课堂后半时段使用以此来强化学习重点。

指导原则

◎ 为开始活动，教师要给每位学生各发一张注释卡并且指导他们在卡片上随意找个地方写上自己的姓名。

◎ 之后，提出一个与所学科目相关的问题或者令人关注的话题。对于此活动来说，最好的提示性问题是那些具有多重正确答案的问题或者能激发学生多种观点立场的问题。例如：

★ 所有公众场合的吸烟行为都应当被禁止吗？

★ 仔细考虑一下第一位女法老的统治之道。

★ 你认为在美国历史上为什么没有女总统？

★ 我们知道动物克隆实验已经成功，对于人类克隆你持什么样的观点？

◎ 给学生们时间去明确地表述自己的答案。鼓励学生们在自己的注释卡上简要地做些注释，这样将会帮助他们记住自己的答案要点，但是教师要告诉学生们，他们没有必要使用完整的句子来作注释。

◎ 提示学生们站起来，离开座位走到教室的另外一个地方去寻找一名搭档，搭档二人要根据手中的注释卡以口头陈述的形式互换一下自己的观点。提醒学生们必须专心倾听对方发言并且要将听到的内容转述一遍，因为在接下来的活动中，他们要代表自己搭档的观点参加活动。

◎ 给学生们充足的时间去互换观点后，告诉学生们与搭档互换注释卡同时要站在对方的角度去参加活动。接下来，提示学生们去重新找一位搭档并且与之重复上述活动。然而，这一次他们必须是以其前搭档的身份且代表前搭档的观点来参加活动。组织学生们按照这种程序多进行几次活动。

◎ 教师可以根据本堂课教学时间安排来决定可行的搭档互换次数。

◎ 活动结束大家重新回到座位后，教师可以邀请几名学生与大家分享一下他们在活动中所听到的观点。在学生们陈述某个观点的过程中，教师可以与该观点的提出者一起判断他们是否传达了准确的信息。

活动实施技巧

年龄较小的学生们可能会发觉，在几轮反复的交换活动过程中要记住详细的信息是非常困难的。教师在首次实施这个活动的时候，有必要从互换简单的信息开始（例如“我最喜欢的电视秀节目是……”）并且把这种信息互换的次数减少为一到两次。

实　例

一位数学教师采用“表述他人观点”这个活动去鼓励学生们思考多种不同的解题方法。他给每位学生提供了一份线性方程曲线图，该线性方程是关于过去的40年里（1960–2000）男女医生人数增加或减少的情况。活动所需的所有问题选自学校的数学课程材料，这些问题在不同的活动阶段被老师提出来，其主要内容如下。

★ 如何描述这些数据点显示出来的动态趋势及其线性曲线图？

★ 为什么你认为在过去的40年里女医生人数的增长率越来越高？

★ 你能预测出未来10年或20年里男女医生人数变化的动态趋向吗？

★ 你将如何着手探寻反映这些数据倾向的线性方程式？

★ 如果让你做一个关于未来男女医生人数的预测报告，通过使用线性模型曲线图你能回答哪些类型的问题？

在学生们参加观点互换活动之前，该教师给了学生们一些时间去研究分析线形曲线图并形成自己的答案。之后，这位数学教师让学生们分析自己听到的内容，如果可以的话，将相应的曲线图画出来。

参与度最大化法则

◎ 让学生们根据一段关于所学内容的阅读材料或者简要介绍提出一个相关问题，在活动中由老师负责将该问题提问给大家。在活动进程到中间时段时，教师可以把该问题换掉或者扩展开来。

◎ 该活动与其他描述类活动一样都存在着类似的活动环节，即都要求学生们自发地形成一个立场或观点。一些有语言障碍、交际障碍或者信息处理障碍的学生对此可能会感觉有困难，因此，为了保证学生们得出答案，教师必须给其提供足够的思考时间或者预习时间。

◎ 对学生们来说，其搭档们的注释卡就是一个内置的“备忘单”，可以帮助他们记住搭档的观点。然而即便这样，对某些特殊的学生而言，要想记住这些新观点仍然存在着很大的困难。因此，教师可以允许这些学生在整个活动过程中，一直保持使用自己的观点参加信息互换活动。这样在活动中反复地阐述同样的内容可以帮助他们树立信心，同时也能促进他们更好地完善自己的观点。

◎ 对于那些非语言交际的学生和那些在活动中需要借助相关概念提示的学生而言，有一款对其非常有用的科技辅助设备，即步进式声音输出设备（见图4.2）。这个装置可以被用来录下某个学生的观点，然后在他每次碰到一个新搭档的时候录下其搭档的观点。每次录音时间为75秒，学生每次按动开关时该装置将会按顺序自动播放下一条信息。该装置还有一个信息重复功能，可以连续重复播放一条信息。

图4.2 步进式声音输出设备

课堂应用心得

“课堂反思”活动

教师使用这种教学策略时，需要在讲课的过程中设置几个固定的停顿点，目的在于让学生们对老师刚刚讲过的内容做一个回顾并对此做出反应。教师要给出一些句子开头让学生们对其作出应答，这样不仅能帮助学生们迅速地将所学内容与自己目前的知识库联系起来，而且也能帮助教师对学生们的知识理解程度做一个迅速的检查。学生们的这些信息反馈能够在再度授课、课程改革或者答疑解惑方面给教师提供指导。

指导原则

◎ 在准备一堂时常为10分钟到一个小时的课时，教师要确定几个合理的、适合学生进行反思的停顿点，停顿点分布的一个基本原则是每10到15分钟停顿一次。

◎ 开始上课之前，教师要告诉学生们在本堂课上将有几个中断点或停顿点，学生们需要对所学内容进行反思并写出一个简短的回答。

◎ 在规定的停顿点停顿时，给学生们提供一个句子开头并给予其充足的时间去写出一个简短的回答，之后继续讲课。

◎ 学生们可以将接下来的课堂反思继续写在这同一张纸上。在之后的停顿点停顿时，教师可以邀请几位学生与大家分享他们的课堂反思，这样对取得良好的教学效果很有帮助。

◎ 讲课结束后，将学生们的课堂反思收集起来并进行检查，这些反思可能会暴露出学生们的疑点或难点并为教师第二天的授课提供指导。

◎ 课堂反思中可能会用到的一些句子开头有：

★ 我认为……

★ 我想知道……

★ 这个问题的难点在于……

★ 令我感到迷惑不解的是……

★ 我不确定……

★ 令人感到有趣的是……

★ 我需要进一步进行训练的地方是……

★ 我的优势是……

★ 我在……需要更加努力。

★ 当……时，真是太棒了。

★ 我感到惊讶的是……

★ 我已经了解……但是又进一步学到……

★ 其他人对此（这个话题）的观点是……

★ 我认识到……

★ ……是可以的。

★ 我关心……

★ 当……时，我感到很肯定。

★ 当……时，我感到很有把握。

★ 我认为将会发生……

★ 这是不同的，因为……

★ 我有信息……

★ 这使我想起了……

★ 我能想象出……

★ 我判断出……

活动实施技巧

教师要把采用这种有效的教学策略的目的告诉学生，这对于活动的开展会很有帮助，因为有些学生可能会对课堂进程和节奏的变化感到迷惑。让学生们了解这种教学方式的基本原理并且能够帮助他们深入洞察自己的学习情况，进而可能会增加他们参与活动的动力。与此同时，当学生们给其他同学讲授知识的时候（例如科学展览、课堂陈述）也可以使用此方法。

实　例

一位科学课教师在给六年级的学生们讲授板块构造论和地球的结构这个话题时，采用了“课堂反思”这个活动。他给出了一组供学生们进行反思的提示，目的在于检查学生们的理解能力和其背景知识，具体提示如下。

★ 让我感到有点迷惑的概念是……

★ 我已经了解……但是又进一步学到……

★ 明天，我想复习……

★ 我能够想象出……

在这个双语班里，有许多英语语言学习者，因此，教师在每张课桌上都放了一张纸，纸上有一些用英语和西班牙语两种语言书写的句子开头，同时也有用以上两种语言书写的一组科技词汇，任何学生都可以选择使用这些词汇来帮助他们组织自己的答案。能够用来补充完整句子开头的这些样本词汇和词组主要包括：地层、板块边界的位置、板块运动类型、大陆漂移说、海底扩张学说和泛古大陆。

参与度最大化法则

◎ 把“课堂反思”活动与其他有效教学策略（如“吟唱和朗诵”活动）活动结合起来使用，以便使活动进程新鲜而有趣，但是一定要遵循这样的规则，即学生每次谈话讨论时间不能超过10到20分钟。小学和初中的学生大约为10到15分钟，高中的学生大约为15到20分钟。

◎ 不要只给学生们提供一个句子开头，给他们提供一个含有三到四种句子开头的小名单，他们可以从中选择。

◎ 对于那些在给定的时间内不能很顺利地写出答案的学生或者不能写出一个完整答案的学生，教师可以给他们提供一些预先写好的答案，他们可以阅读一下并选择其中一个作为自己的答案。

◎ 教师也可以定期采取如下活动，即在给出句子开头后，允许学生们转身与其他同学讨论，然后让学生们以口头表达形式作出回答而不是以书面形式的回答。

◎ 在教室四周的墙壁上贴上一些带有各种各样句子开头的图表，这些句子开头适用于整堂课的任何一个停顿点。在每次停顿的时候，让学生们站起来，在自己所选的一张图表上写下答案。

◎ 制作一些含有关键字或图片的多种选择形式的反思卡（见图4.3），关键字和图片必须能够清晰地表明一种答案。

图4.3 反思卡

课堂应用心得

课堂短剧角色扮演活动

为了选出班里的戏剧国王和王后，在课堂上某些特殊的时间点时，布置学生们参加一个小短剧角色表演活动或者滑稽剧表演活动，以此来展示他们对所学内容的理解情况。活动中这些迅速编写的剧本草稿可以是一篇严肃的、关于重要事实的译文，也可以是关于某个场景的诙谐改编诗文和讽刺诗。为了阐述重要的事件，展现一些重要人物在历史上的作用，或者表现一个有形的持续性事件的发展过程，教师采用角色表演活动这个教学策略无疑是最好的方法。

指导原则

◎ 像上一个教学策略“课堂反思”活动一样，这个活动也要求教师备课时提前确定好课堂上某几个特殊的停顿点，在每个停顿点时可以组织学生们进行角色表演活动。教师可以选择在几个不同的停顿点上，请各小组轮流上台表演。

◎ 在开始上课之前，教师要告诉学生们，他们将负责编排一个能反映课堂内容某个方面的滑稽短剧或者故事情节。教师可以提前给学生们指定几个故事情节，这样学生们在听课的过程中便会特别留心与这些情节有关的凸点或细节。为了促进学生顺利地参加到活动中来，教师在上课之前确定好每个角色表演小组的人数和成员。

◎ 在规定的停顿点上，教师给出即将被展现的故事情节的话题。教师可以让学生们去重新演绎历史上的一些重要时刻，例如，电的发现、罗莎·帕克斯因为拒绝给白人让座而被捕、日本难民家庭到达一个收容所，或者原始人学习使用火等。

◎ 教师可以通过让学生们融合现今和过去观点的方式来培养其幽默技巧，这种幽默技巧能够推动学生们进行批判性比较。例如，让各小组扮演成一位空中交通指挥员来评论莱特兄弟的第一次飞行活动，表演匈奴王阿提拉在朱迪法官的法庭上受审，或者让交战国双方的领导人上菲尔博士的脱口秀栏目。

◎ 待表演活动结束后，其他学生观众和教师对此要做出评论并要给出相关的知识要点。

实　例

一位高一年级世界历史老师把历史上各个重要时期妇女权利的对比情况给学生们介绍完之后，给学生们提出了如下一个故事场景："想象一下奈费尔提蒂（公元前14世纪埃及王后）、索琼纳·特鲁斯（美国黑人女传教士、改革家、女权运动支持者）、埃莉诺·罗斯福（美国第32任总统富兰克林·罗斯福的妻子）、贝蒂·弗莱顿（《女性的奥秘》的作者）和希拉里·克林顿（美国国务卿）一起吃午餐的情景，比较一下她们作为妇女所拥有的权利。"为了帮助一位有学习障碍的学生参加活动，并且为了确保所有的学生在进行角色表演活动时都有信息与大家分享，这位历史老师给学生们提供了一份战略笔记记录指南，如表4.1所示。

表4.1 战略笔记记录表——妇女运动

请于课前将此部分填写完整

今天学习的话题是什么？

就此话题描述一下你的了解情况：

请在课堂上完成以下笔记记录工作

详细写出今天所讨论话题中的3到7个要点

★ ______________________________

★ ______________________________

★ ______________________________

总结——简要描述一下历史上各个重要时期关于妇女权利的各观点之间有何联系？

总结——简要描述一下历史上各个重要时期关于妇女权利的各观点之间有何区别？

新词汇或新术语

★ ______________ ★ ______________

★ ______________ ★ ______________

★ ______________ ★ ______________

参与度最大化法则

◎ 为了让学生们在表演小短剧的过程中从外观和感觉上都能够表现得很自然，教师要给学生们进行示范。如果教师有教学搭档（如理疗师、普通教育工作者或特殊教育工作者、校长），那么教师要与教学搭档一起给学生们示范如何自然流畅地去表演。如果教师没有教学搭档，这次活动或许也是一个开启合作教学的好时机。如果教师想邀请言语治疗师、社会工作者或者以英语为第二语言的教师，在一个更加规范的基础之上来到你的普通教育课堂上一起工作，那么可以用角色表演这个有趣且令人愉快的方式把他们介绍给学生。

◎ 对于那些还未准备好在角色表演活动中担任主要角色的学生，教师一定要确保他们在滑稽短剧的编写中献计献策，或者在准备表演的过程中负责一些其他事项（例如负责准备道具或扮演一个无台词的角色）。

◎ 安排学生进行小组对小组的表演，而不是让一个小组在全班面前表演，这样可以减轻学生们的紧张感。采用这种活动形式还可以加速活动进程，同时学生们也有更多的时间去表演他们的小品。

◎ 指定某些学生担任小品评委并且鼓励他们给表演者打分并且作简评。

◎ 对于一名残疾学生来说，他可能在频繁的角色变换过程中或表现千变万化的信息时有困难，考虑到角色表演活动的需要，教师可以让该学生担任一个始终不变的角色、普通介绍者或者向导性故事叙述者。这样能促进该学生成为这方面的能手，同时也能帮助他很得心应手地担任这个可靠的角色。

课堂应用心得

“圆桌会议”游戏

“圆桌会议”是一个合作式的游戏活动，活动开始时需要一张空白纸作为工具，活动结束的时候大家会在这张纸上创作出一个共同的合作成果，这个成果可以是一个列表，一段文字，甚至是一幅画。这个游戏最初的时候，被教师设计成一种普通的教学方法去组织学生们进行头脑风暴，它还可以用来组织学生进行复习，用来在课堂上检查学生们对知识的理解情况，或者使学生在观看影片或视频的过程中保持精力集中。

指导原则

◎ 让各活动小组分别围绕着一张圆桌坐好，每张圆桌上各有一支铅笔和一张纸。然后教师提出一个问题，告诉学生们在纸张围绕圆桌传递的过程中把自己的答案写在这张纸上。

◎ 教师应当谨慎选择所提的问题。这个问题应当有多种答案，并且所有的学生在某种程度上都能回答它（例如，“在第二次世界大战期间妇女发挥了怎样的作用”，“做乘法运算的时候，你会用哪些解题策略”）。答题时间结束后，各小组要清点一下他们写在纸上的答案个数。接下来，全班一起来分享这些答案。

◎ 如果可能的话，教师可以让各小组成员阅读一下他们组内的答案，并且对这些答案进行评价然后选出其中最具创新力的或者最“切题”的答案，教师也可以让各小组把这一系列答案总结成几句话。

实　例

◎ 一位二年级教师给学生们提出了如下问题：“是什么原因使我们的团队独一无二？”首先，学生们与他们的组员一起对这个问题进行了讨论。然后，他们静静地在组内传递一张纸片，每个人在纸上写下了一到两个与刚才讨论内容有关的词。

◎ 六年级的学生们在观看一个关于濒危物种的纪录片时，教师给每个六人圆桌小组发了一张纸。影片开始放映，各小组的第一位学生需要回答如下问题：“你所了解到的、关于濒危物种的一件事情是什么？”在回答问题的过程中，这位学生需要一直观看影片，直到他从影片中得到该问题的答案。之后，他需要迅速地在纸上写出自己的答案并把纸片传递给下一位学生。当第二位学生能够回答出该问题时，他也要迅速地在纸片上写出自己的答案并把纸片继续往下传。当每组的第六位学生把该问题的答案写在纸片上的时候，他要把纸片传递给该组第一位学生开始新一轮的活动。学生们以这种方式依次回答问题直到电影结束才能停止活动。

◎ 一位家庭与消费课老师在讲授儿童发展这堂课的时候，给每个圆桌小组发了一张纸，目的是让大家共同写一组课堂笔记。

在教师讲课的过程中，每组的第一位学生在纸片上记下一个重要的信息点，然后将纸片传递给下一位同学。活动结束后，老师检查了各个小组课堂笔记的准确性并且把它们复印出来发给全班同学。一位患有阿斯伯格综合征的学生在活动中总是不能从老师讲课的内容中选出最重要的信息，为了帮助这名学生参加活动，教师留心观察他在圆桌会议游戏中拿到答题纸片的时刻，趁机强调笔记的重点。例如，这位老师会停顿一下并且说："这是一个重点。"然后她会将这个重点知识写在黑板上作为对那位学生的一种提示。

◎ 一位高中美术教师在上课的时候，通过采用"圆桌会议"活动把一项学生个体的任务转变成了一项集体完成的项目。在美术课上，每个班级成员经常要独立完成一项雕塑任务，即制作一个泥巴面具。为了开展"圆桌会议"活动，这位美术教师把学生分成各个小组，每组有4到5个人，然后给每小组的第一位学生提供一团黏土。每组的第一位学生开始对这团黏土进行处理，展开面具制作工作活动的第一步（例如捏出一个鼻子的形状），然后把这团黏土传递给第二位学生，第二位学生在把这团黏土传递给下一位学生之前需要在它上边捏出第二个面具特征。整个活动期间，黏土在各个小组内部成员之间不断地"转手"传递，每位成员接到它时都要在它上面增加一个新的面具特征或者对前面队员已经雕塑出来的形状进行修改。这种集体合作完成任务的教学法对班里的一个有严重肢体残疾的学生来说特别有帮助，因为他在活动中可以给面具增加一个不太确定的特征，然后由下一名学生对该特征做更精确的修饰，以便能雕塑成一个面具。

参与度最大化法则

◎ 对于一个既不能书写也不能说话的学生，教师可以允许他从现有的答案中指出一个自己同意的观点，然后在那个观点旁边贴一个标签。

◎ 发给每位学生两到三张贴纸，每张贴纸上都有一个答案；在圆桌会议游戏中，当纸片传到他们手中的时候，他们可以从这些贴纸中选择一个贴到纸片上。

◎ 学生回答问题时教师给其提供多种回答方式，他们可以在纸片上画图表，也可以重点突显最佳答案，或者写出一个短语。

另一个活动版本

给活动小组里的每位学生都发一张纸，并且每张纸的最顶端上都有一个不同的问题。当老师喊出“开始”口令时，所有的学生都要在纸片上写出相应问题的答案。当老师喊出“转换”口令时，每位学生需要把他的纸片向右传递给下一位学生并由该学生在纸片上增加一条答案。活动进程继续进行直到所有的学生对自己活动小组的每一个问题都做了回答。

课堂应用心得

第5章　教学成果的评估

 学生课堂游戏设计

大多数的教师都认识到游戏对于任何年龄段的学生来说，都能调动他们的积极性并且让他们感到很有趣。然而，教师们可能不清楚，到底有多少学生能从做游戏当中获益。假若这样，教师不妨让学生们发明他们自己的游戏。能参加这种自创小游戏活动，学生们肯定会很兴奋，他们可能会通过利用课外的一些小创造和突破现有特定学习内容的范围等方式，给老师一个惊喜。

指导原则

◎ 教师需要把学生分成二人搭档组或者许多活动小组，让他们去发明一种桌面游戏，并且这种游戏必须能够帮助玩游戏的学生学会目前正在学习的课程内容。教师可以给学生15分钟到几个小时之间任意

不等长度的时间去创造他们的游戏。

◎ 给每个小组提供一组材料用品，主要包括纸、广告板、标签、骰子、滚动条和标志物（来自于其他游戏里的用具）以及索引卡。

◎ 提前提出游戏发明的规则。例如：

★“每个游戏都必须有一个与我们课程内容相关的名字”（例如，“质数突击测验”或者“形象语言趣味游戏”）。

★“该游戏必须能够帮助我们学习__________”（例如名词、整数、未来、生物）。

★“该游戏必须有一套简单的规则，这套规则必须保证让全班学生都能很容易地读懂并遵循它”。

活动实施技巧

如果课堂时间很宝贵，教师可以让学生们发明一个纸牌游戏而不是桌面游戏。

实　例

六年级某个班的学生，对《中国》这个单元的知识学习了几周之后，便开始着手发明桌面游戏。他们从该单元中选取一个知识块作为游戏活动的焦点（例如地理概况、近代史）。有一个小组根据中国的地理概况发明了一个游戏，他们把该游戏称作“中国：被海包围的国家”。参加此游戏的学生需要从蒙古“沿途旅行”经过渤海、黄海、东海和南海，并且要在从一个区域到另一个区域的穿行过程中回答一些关于中国14个陆地邻国的问题或者关于中国各省的问题。在学生们进行游戏发明活动的时候，老师采用战略性任务分配的方式，给各小组内的每一位成员指定了不同的任务。一位有认知障碍的学生，他在活动中致力于达成的一项个人目标是“在地图上找到中国的位置”，他的任务是在游戏板和游戏盒盖上贴一张亚洲地图，而其他组员的任务是负责研究问题和设计游戏板。

参与度最大化法则

◎ 给各小组内的每一位成员指定不同的任务以确保每一个学生都能以一种有意义的方式参与活动（例如艺术指导、信息收集员）。

◎ 给学生们提供足够的不同类型游戏的例子，并且允许学生们回顾以前课堂上进行过的某些游戏的规则和材料用具。

◎ 如果某些学生想要增加活动的挑战性，教师可以允许他们设计一个电脑游戏；为了完成这项任务，这些学生们在游戏编程方面可能会需要通用技术老师的一些额外指导。

◎ 如果有些学生在最初设计游戏思路方面就很费劲（或者如果课堂时间有限），教师可以让他们使用某个已经设计好的游戏板和材料用具，只需把游戏的规则和问题改编一下即可。

◎ 为了增加活动的挑战性，教师可以要求所有学生或者某些学生去设计一个可以被一个规模较大的活动组来使用的游戏。年龄较大的学生可以设计一个独特的游戏产品，这个游戏产品或许会被同街区内甚至当地整个地区的学校班级使用。有些学生甚至可以进行市场调研或者与当地的玩具店一起工作，来进一步开发游戏设计思路。

课堂应用心得

“平台式”互动教学

“平台式”互动教学是一种积极有效的学习策略，其设计的目的在于给学生们机会去在学习过程中担当教师和学生双重角色。学生们在一种类似于博览会的氛围里相互教授知识，每位学生需要根据老师指定的内容准备一堂时长为5到10分钟的课，也可以是自己所选的话题或者教学目标。尽管在做一些诸如科学博览或期末评估等方面的正式陈述时，采用“平台式”互动教学这种方式效果会非常好，但是它同样也可以以一种非正式的方式用在复习或者强化学习内容的活动中。

指导原则

◎ 给学生们一定时间去根据手头现有的教学主题制订一个简短的教学计划。

◎ 等学生们备好课以后，让全班一半的学生把教学材料放在桌子上准备给大家讲课，而班里另一半学生则要在每位“教师”与“教师”之间挪动，逐个听取他们的课。

◎ 听课的学生们与授课的学生们轮流旋转，这样他们将有机会听取每一位授课同学所准备的课。同学们在教室里要一直循环转动，直到班里所有的学生都已经听取了其他同学的课时活动才能结束。

◎ 鼓励学生在讲课的时候采取多种手段，例如采用直观教具和其他学习材料的方式，采取课堂示范的方式，组织学生参与课堂小活动的方式等。

活动实施技巧

花点时间给学生们讲解一下什么是好的教学；在如何不超时、如何以一种便于记忆的方式呈现信息，以及如何组织听众参加课堂活动等方面给学生们提供一些小窍门。教师也可以给学生们介绍一些本书中所提到的教学策略，如果可能的话，给学生们时间与搭档进行一下试讲练习。

实 例

◎ 初一年级一个工业科技班的学生们在学年结束的时候，采用了“平台式”互动教学这个活动，作为他们进行本学年学习成果展示的一种方法。班里的每一个学生各选择了一个独立研究课题来进行深度探究。本次学习成果展示的要求之一是，每位学生在进行课堂教学展示的时候都必须有至少一个教学模型或者其他可视化展示物，并且还要提供一份供其他学生学习和使用的小讲义。此次“平台式”互动教学活动的课题有压力和拉力、桥体设计、古代科技、电脑程序设计。这种由学生们亲身实践参加的教学活动不仅对班里每一个积极主动的学习者大有裨益，而且对班里的八位英语第二语言学习者也有很大的帮助，因为对目前正在学习的一些概念，他们不仅能够听到关于这些概念的讲解而且还能看到其有关教学模型。此外，这几个学生在参加这项学术活动的过程中能够锻炼他们的英语会话能力。

◎ 一位五年级教师在讲述社会研究这个单元中《伟大的世界和平使者》这个中心话题时，让学生们从网上搜集一些历史上曾经的或者当今世界上现有的和平使者们的信息（例如甘地和肯尼亚环境专家旺加里·马塔伊）。每一位学生都将在“平台式”互动教学活动中运用搜集到的信息作一个简短的陈述报告。詹姆斯是一位患有语言障碍的学生，他发觉要想在报告中切中主题并且给大家提出最重要的信息点而不是去提供一些过多的甚至是无关的详细信息，对他来说是很困难的。为了能让詹姆斯作一个简洁并切题的陈述报告，在他从网上收集

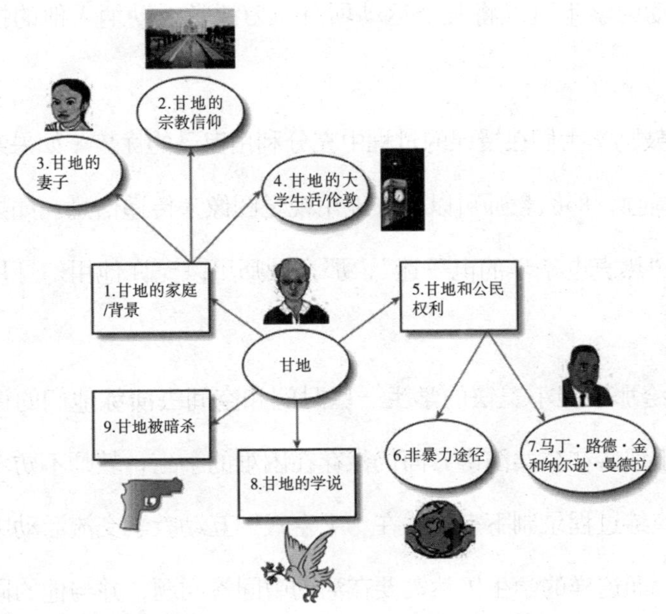

图5.1 关于甘地的思维导图

信息的时候，老师帮助他使用软件制作了一个语义网络思维导图，这个软件能够帮助使用者制作可视化图表和文字纲要。詹姆斯用这个软件把他关于“圣雄”甘地的口头报告中的要点制作成了一张可视化思维导图。这个图表不仅能帮助他在做陈述之前组织好主要话题的陈述思路，而且也能帮助他对想与大家分享的信息量做一个自我监控。请参看图5.1语义网络思维导图示例。

参与度最大化法则

◎ 如果学生们有自己特殊的兴趣爱好，那么教师可以鼓励他把这项爱好融合到“平台式”互动教学展示活动中来。例如，某个喜欢体育运动的学生可以将某个运动项目作为课堂活动纳入他的授课活动中。

◎ 鼓励学生们在授课的过程中充分利用自己的优势；如果某个学生喜欢画画，那么教师可以允许他用视觉图像来传递信息。如果某个学生是“热衷电子学的电子迷”，那么教师可以允许他用幻灯片来做展示。

◎ 给那些胆小羞怯的学生一些时间和空间去演练他们的课堂陈述。对于那些在公共演讲方面仍然存在困难的学生，教师不妨考虑把他们的演练过程录制下来，并在“平台式”互动教学交流活动中给大家播放。而这样的学生仍然需要在活动中回答问题，并与他的同学们进行互动。

◎ 教师也可以把学生们在“平台式”互动教学活动中的课堂展示过程录制下来，并且可以把这些视频影像提供给某些学生，这些学生一般是通过反复听取信息的方式来获得知识。

◎ 鼓励学生们为自己的课程起一个题目，以此来增强学生们的积极性并且使该堂课本身更加令人难忘。例如，某个班里的一个学生在给她的同学讲授坐标网和绘图直线时，采用了“海底世界”这个题目。她画了一个非常大的蓝色坐标来代表大海，并且让学生们画出标绘点来代表鱼，直线代表海藻。

课堂应用心得

“漫步学生画廊”活动

“漫步学生画廊”这项教学策略活动，能够使班级里日常的教学活动变得更加完善和精致。活动能够让学生们在课堂上扮演博物馆参观者和艺术家的角色，同时也能够给学生们机会通过直观形象的方式去表达观点，而不是用文字方式来表达。这种教学策略是指导学生对过去一天、一个月或者一年中所学知识进行总结的简单而且有效的方式，它能使学生产生一种团结与合作的意识，因为每一幅画作都是“集体智慧”的结晶。

指导原则

◎ 学生们将以三到五人为一组进行此活动。

◎ 首先，教师要给出一个能够用视觉直观的方式来表现的观点。然而，这并不意味着这个观点必须是具体的，有的时候抽象概念能激发产生最令人感兴趣的视觉产物。

◎ 之后，教师要决定其想让学生创造出什么类型的产物。例如，教师可以选择一个概要、一幅抽象拼贴画、一幅地图，或者一个思维导图。例如，教师可以让学生们去“阐释一下1900年纽约市的一条街景”，“画出一幅来自美洲原住民传奇故事《水牛与田鼠》当中的场景”，“描绘一下水循环”或者“创作一幅几何学和代数学之比较与对比的文氏图”。

◎ 给各活动小组一定的时间，之后让学生们把其作品贴到教室里指定的墙上来展览。

◎ 从每组中各找出一名学生站在其海报的旁边并且担任解说员，这些学生的任务是负责给前来“参观”的学生解说海报内容。教师要指导其他学生在教室里慢慢走动，观察研究海报，与每组的解说员进行交谈，并且与其他同学讨论这些画廊作品。

实 例

◎ 初二年级一个理科班的学生们学习了简单机器的有关内容，之后老师给每个活动小组各分配了一种类型的机器。学生们需要为他们各自的机器创作一幅海报，内容要包括几幅绘图和几个例子以此来展示这种机器在日常生活中是如何使用的。学生们有一段课堂时间来准备他们的海报，还有另外一段课堂时间来进行“漫步学生画廊”活动。在学生们漫步过程中，他们都要携带着剪贴板并记下学到的新知识。这项活动是作为一次单元复习活动。为了挑战一下那些对所学概念有了更透彻理解的学生们，老师邀请了一些当地的设计师（大多数是本校学生的父母）来参观这个画廊并且与学生们交流看法。

◎ 在高中某个班的家庭与消费教育课上，教师用“漫步画廊”这个教学策略来讲授“责任”这个概念。首先，该教师让学生们三人为一组来思考“责任”这个词（因为它与家庭、个人成长和成人生活紧密相关）并讨论一下与这个词有关的一些概念。之后，她让每个小组创作一件能表现这个词含义的艺术品。她仅给学生们20分钟的创作时间以激发其创造力，同时她也给学生们提供一些有限的创作材料，但是该教师允许学生们使用他们自己存储箱里、钱包里或口袋里的任何东西以此来激励他们创作出风格迥异的作品。接下来，所有的学生都有机会在教室里四处游览，观察研究这些作品，并可以通过对着每件作品附近的录音机讲话的方式，来与大家分享自己观察到的任何结果。这项活动被教师用来作为新学年开始之初的介绍活动，主要给学生介绍本学年所有的学习话题，这些话题主要包括工作与职业选择、怀孕与生育计划、个人理财和独立生活。

参与度最大化法则

◎ 根据学生的需要和能力，在进行作品观察这个活动环节时，教师可以让学生担任其他一些特殊的角色。例如，可以让某个学生担任记者负责采访“画廊赞助者”，或者可以让某个学生担任画廊摄影师，这样可以为将来的学习捕捉视觉信息。

◎ 如果有些学生发觉去绘制图表或者绘画对他们来说存在身体上的困难（例如有肢体残疾的学生），教师可以提供一个更广范围的设计途径供其选择。除了采用绘图法以外，学生还可以用电脑设计法、雕塑法、喷绘法或用碎纸片和其他材料制作抽象拼贴画等方法。

◎ 在“漫步学生画廊”活动中，解说员的角色应当由大家轮流来担任，这样所有的人都有机会在“漫步学生画廊”活动中进行探索并从中学到知识，或者教师也可以把这个角色作为帮助某个学生训练目标技能的一个方法。例如，对于一位需要进行文字阅读流利度训练的中学生，老师可以首先与之一起练习阅读一个脚本，然后在“漫步画廊”活动中老师让他一直担任解说员的角色，这样他便能在活动中有多次机会去反复地阅读海报介绍。

课堂应用心得

制作字母表手册

在这个活动中，学生们将重温他们美好的童年时光。他们将要对所学的内容进行一个复习，并且将要利用字母表这种熟悉的结构形式来创造性地表现出他们所学的知识。

这项活动能够增加课堂教学的趣味性，尤其是在小学高年级、初中和高中里使用的时候。它还能使学生们专心埋首于课本、网站及笔记中，仔细地搜寻以内容为主的材料，以便能找到与字母表中每个字母相匹配的观点和词语。

指导原则

◎ 首先，教师要告诉学生们，他们将要通过创作和展示自己字母表手册的方式与其他学生相互讲授知识。

◎ 教师可以在学生们进行制作的过程中，给其提供许多不同的材料供其使用，允许不同的制作小组为其字母表手册选择不同的媒介，以此来鼓励其创造性和创新性。

◎ 学生的字母表手册制作完毕后，他们可以与其他同学一起，把自己的字母表手册相互读给对方听，并以此作为进一步强化学习内容的方式。

◎ 所有的字母表手册都可以留在教室里，并且可以在今后一个单元或者一学年学习过程的不同阶段拿来用在复习和练习活动中。

实 例

◎ 某个班的学生在历史课上负责制作字母表手册来表示他们过去的一年中所学模块的内容。有一个小组被分派的任务是哈莱姆文艺复兴这个模块知识，他们创作的字母表手册主要包括如下几页。

★ A代表非裔美国人。

★ B代表黑人。

★ C代表文化运动。

★ D代表戏剧。

★ E代表爱德华·布拉。

★ F代表虚构小说。

◎ 在得知这项积极有效的学习策略之后，一位化学教师选用此策略作为组织学生进行期末考试复习活动的一种方式，他给这次复习活动起名为“A代表酸类,B代表碱类”。他的教学目标是通过让学生们制作自己的字母表手册这种方式，帮助学生们复习本学期他所讲过的所有的概念话题。此项活动的要求是让学生们与搭档一起制作一本含有26张幻灯片的“电子书”，其复习内容包括热力学、气体、溶液剂、酸类和强碱。每张幻灯片必须含有一个题目，两张或多张带有文字说明的图片，一个含有三到四句话的话题介绍。评分原则和标准主要包括：幻灯片科技发展方面的各种要素、信息准确性以及作品创造性。

◎ 对于一年级的小学生而言，课程要求可以简略为制作一个仅含有ABC三个字母开头的字母表手册，而不要求其涵盖所有的字母。在学习海洋这一单元时，教师把学生们分成三人为一组的合作小组，同时要求他们共同确定一种海洋生物作为其字母表手册的重点介绍对象，各小组成员每人负责完成一页。

有一个小组选择海豚作为他们的介绍对象，他们在手册里写了如下一段文字："A代表活跃的，因为海豚游泳的速度很快。B代表美丽的，因为海豚拥有光亮而平滑的皮肤。C代表可爱的，因为海豚能发出吱吱声并且拥有幸福的微笑。"老师给全班所有学生提供了一组以字母ABC开头的描述性词语，学生可以从中进行选择。但是，每个学生都必须以一种创作拼写的方式来描写他们为什么选择那个描述词（例如因为他们拥有光亮而平滑的皮肤）。

阿历克斯是一个患有严重动觉规划缺失以及眼手协调能力困难的学生，在此活动中他是"海豚"小组的一名成员。职业理疗专家在活动中负责指导该小组的制作活动，同时也负责帮助阿历克斯。阿历克斯能够口头表达他的观点但是不能书写或绘画。在职业理疗师的帮助下，他用着一种改装过的键盘把他的观点输入进了电脑里并为本小组的字母表手册选择了一幅图画。该活动小组在距离电脑最近的课桌上进行的手册制作活动，因此阿莱克斯在制作他所负责的那一页时不用脱离小组活动。

参与度最大化法则

◎ 给学生们展示一些字母表手册样本，给他们指明这些手册不同的艺术风格和不同的设计形式。这将有助于一些学生进行头脑风暴为字母表手册的设计集思广益。

◎ 在进行手册制作之前教师可以组织全班进行一次头脑风暴活动，可以让学生们就你所给出的话题大声地喊出与其相关的单词和词组。教师可以让另外一位学生，一位辅助专职人员，或者另外一位教师把学生们给出的这些建议写在黑板上或者记录纸上。

◎ 允许学生们用多种不同的方式来阐释他们的作品。有的学生可能想用电脑剪贴画，而有的学生可能选择去制作精美的钢笔素描画，当然还有的学生可能想给他们的手册制作一个图片故事。如果美术老师能在这个活动环节中和你一起来辅导教学的话，他可以给学生介绍不同的字母表手册中所代表的不同艺术类型。

◎ 如果某些学生是新兴读者群或者拥有一些与读写能力有关的个人目标，那么教师可以与言语治疗师、阅读课教师，或者其他同事一起帮助这些学生，去创造一个能用来进行流利度练习、译码和其他相关技能训练的字母表手册。这项工作可能包括与这些学生及其所在的活动小组一起为手册选择词汇，以及在他们阅读某些特定的短文时给其提供策略指导。

课堂应用心得

 评选“十大要点榜”

尽管并不是所有的教师都像电视主持人那样迅速和灵敏，但是每位教师都能够把评选“十大要点榜”此项活动的活力与乐趣带入课堂，从而使学生们以一种更加令人难忘和更加有意义的方式来进行复习、评估、单元总结和期末反思等活动。

指导原则

◎ 把学生五人为一组分成几个小组，给每个活动小组一组材料，主要包括标签、一张图纸和几本旧杂志或其他便纸条。

◎ 让学生们思考一下他们一天、一周、一堂课、一个单元或者一学年中所学的内容，然后告诉他们把这些内容总结成十条并且列出一个正规的十大要点榜单。

◎ 给学生自由创作的权利，他们可以用想用的任何方法来制作自己的榜单，但是教师要提醒他们必须把整张图纸都利用上并且用大号字体来书写，因为这些榜单将会被拿来与全班同学一起分享。

◎ 鼓励学生们使用色彩和图片并且要力图使语言和文字本身（重要词语要用大字书写，关键概念要画下划线）富有创造性。提醒学生们注意，所有这些榜单都要用来帮助其他学生学习、记忆和复习。

◎ 要求学生们想出一个富有创意的方式来展示他们的榜单。他们可以模仿电视节目主持人的风格，以风趣幽默的方式阅读榜单内容，或者干脆直接向大家展示榜单内容，并要求全班同学跟随他们一起吟唱这些要点。

◎ 把这些榜单贴在教室里张榜公示几天（或者几周）以便强化这些复习内容。

实　例

◎ 一位六年级教师采用评选“十大要点榜”活动来评估学生们对分数这个单元的掌握情况。其中几个知识要点有：“最小公倍数是指两个或两个以上自然数的公倍数中最小的一个”和“质数是指在所有比1大的整数中，除了1和它本身以外，没有别的约数的整数”。学生们用了一整节课的时间来制作他们的榜单和海报，然后又用了另外一节课的时间来相互展示他们的创作成果。之后，该教师把学生制作的这些榜单贴在教室和学校里，在教室墙壁上贴了一张，在教室的门上贴了一张，在学生们的宿舍里各贴了一张。尽管这位教师只用了两周的时间来讲授分数这个单元，但是她的学生们却在该单元结束很长一段时间之后仍能记得其内容。

◎ 为了把评选“十大要点榜”这个活动延伸为一种庆祝的形式，学生可以制作一个榜单来展示个人或集体的优点和善行，例如“琼斯小姐成为优秀老师的十大原因”或“506房间适合开比萨派对的十大理由”。

◎ 此活动还有另外一个实施形式，一位高中教师把这个教学策略作为一个班级管理的工具。首先她要求学生们去思考哪些行为在课堂上是不能做的，她鼓励学生们去描述一个失控的课堂，并且鼓励他们充分发挥自己的创造力，甚至可以想象一些“荒诞”的情景。首先进入“十大课堂禁止行为”榜单的有如下几条。

1. 假装在听课其实是在给你的好友发短信。

2. 在一整节课上提出多次削铅笔的请求。

3. 尝试着向另外一个同学的头上投掷东西。

4. 带着宠物进入教室。

列完这个榜单以后，学生们就课堂上应该如何表现，以及如何将这些表现制定成简单的课堂法规展开了讨论。

参与度最大化法则

◎ 让一些学生把他们的观点写在索引卡上并带到班级活动中来，以免现场发言时忘记自己的观点。

◎ 允许那些有艺术天赋或者特别有创造力的学生以多种方式来阐释或修饰他们的榜单，以便能帮助读者记住榜单内容。

◎ 提前选出若干能够表示主要概念的图片。有认知困难的学生可以从中选出与主题内容相关的一张。接下来，其他小组成员根据图片内容写出一个恰当的标题。

◎ 根据小组成员各自的优势给其分派不同的任务，有的可以负责大声朗读部分课本内容，有的可负责记录特殊条款，有的可负责在榜单公示之前检查其拼写和语法错误。

◎ 为了保证每个人都能在活动中贡献自己的力量，告诉学生们在集体完成榜单制作工作之前每人必须给出一个观点。

课堂应用心得

“接物答题”活动

这项高能活动是由专业教练沙龙·鲍曼在2003年发明的。如果教师在课堂导入时，想带领学生迅速地回忆一下他们之前学过的知识，或者如果教师在一个学习活动、一堂课或者一天的教学内容结束的时候，想要使学生们回顾他们刚刚学过的知识，那么可以采用这个活动。

对于多元化班级来说，这个活动是一个很好的拉近学生们之间距离或者进行班级庆祝活动的好方法，因为它给所有的学生机会去发言，避免出现某几个学生垄断谈话活动的现象，也避免出现某些学生不参加讨论活动的现象。因为整个活动的节奏和回答问题者的先后顺序都是由学生们自己控制的，在整个活动中有一个能吸引所有参加者注意力的、令人惊讶的东西。

指导原则

◎ 让所有的学生面朝里站立，围成一个圆圈的形状。

◎ 教师要向全体学生宣布你的手里有一个“应答物”，并且任何一个接到此物的学生都要与大家分享一些东西。这个应答物可以是任何物品，比如可以是一个大充气球，一个填充玩具，或者一块橡皮。在某些情况下选择一个与课程内容相关的物品会很有趣。例如，在学习哺乳动物这个单元的时候，有位教师给学生们一个填充鲸鱼玩具使其在活动中传递，有位高中心理学教师在活动中使用了一个充气的大脑模型。

◎ 告诉学生们当他们抓到应答物的时候，他们需要与大家分享这一整天、一个单元、一堂课或者这一学年当中所学到的一些知识。当然，许多其他的提示性语言要求或者问题在此活动中同样会取得很好的效果，例如：

★ 给大家说一下到目前为止你对所学内容仍然存在的一个疑点。

★ 你还想学习的一个知识点是什么？

★ 你所学过的最难的/最有趣的/最容易忘记的/最令人兴奋的/最讨厌的/最令人惊奇的知识是什么？

◎ 当某个学生已经与大家分享了一个观点以后，他需要选择活动圈里另外一个学生（在活动中还没有参与信息分享的学生）并且要把应答物投给那个学生。

◎ 保持应答物在活动圈里到处传递直到每一个人都已经与大家分享了至少一个观点后才能停止活动。

活动实施技巧

让学生们之间站的紧凑一些组成一个紧密的队形，这样活动中就不会出现应答物在教室里乱窜、飞到桌子底下、撞到教室设备或窗户上或者飞出门外的情况。此外，教师可以建议学生们在把应答物扔给其他学生之前先与他们进行一下眼神交流，教师甚至可以要求学生们在投递之前喊出那位学生的名字，这样那位学生将会有时间准备接应。

实 例

◎ 一位英语教师在每次临下课之前都会采用“接物答题”这个活动来让学生们迅速地回顾一下当天她所讲的语法概念。例如，有一天她拿了一个球让大家来投递并要求大家说出一些不规则动词。当学生们接到球的时候，他们必须或者说出一个不规则动词或者重复一下别的同学说过的一个不规则动词。

◎ 一位中学体育教师每次都采用“接物答题”这个活动来结束各单元的课程。这个活动使得她有机会在不破坏班级学生积极向上与团结合作精神的前提下，去带领学生复习标准课程内容（例如比赛规则或身体部位及其功能）。有的时候如果可能，她会选择与所学单元相关的物体作为应答物，例如在学习足球那个单元时她会选择足球来作为活动所需的应答物，在学习曲棍球那个单元时她会选择一个塑料曲棍球作为活动所需的应答物。

参与度最大化法则

◎ 告诉学生如果他们自己不能够想出一个答案，那么他们可以重复一下在活动中听到过的一个答案。重点强调一下这个理念：当学生们所学的内容被反复地重复回答时，学生们的学习效果也随之得到提升，因此当学生们自己不能想出一个答案的时候，没有必要感到尴尬或者沮丧，当大家反复地听到这些主要概念的时候人人都受益匪浅。

◎ 如果某个学生需要更多的时间才能想出一个答案，那么教师可以允许此学生选择放弃而继续让下一位学生答题。

◎ 让一些学生把他们的观点写在索引卡上并带到此次活动圈中来，以免当他们接到应答物的时候忘记自己的观点。

◎ 此活动的另外一种活动形式可以帮助学生们消除现场回答问题时的焦虑，而且也可以使那些语言交际有障碍的学生参与到活动中来。各活动小组的学生就老师提出的提示性问题要求给出自己的观点，并且把这些观点秘密地录到一台录音机里，这台录音机有一个配套的按压式开关，就像“大麦克交换器”（“旋转木马”活动中的典型设备）。录音机和按压式开关放在小组活动圈的中央。当某个学生接到应答物的时候，他必须按一下开关来播放一个现成的观点。这种活动方式会给大家带来惊喜，因为没有人知道接下来要播放的这个观点内容是什么。

课堂应用心得

____

____

____

____

____

____

为学习话题制作广告

“为学习话题制作广告”这个令人轻松愉快的活动，是由两位团体教练索勒姆和派克发明的。它可以作为一种令人难忘的课程材料复习活动，同时它也可以作为一种为一次学习经历、一个单元甚至是一学年知识而举行的有趣的庆祝活动。“为学习话题制作广告”活动开发了学生在电视和流行文化方面的知识，尤其是给那些拥有戏剧天赋和外向活泼的学生们提供了展现的机会。

指导原则

◎ 让学生以小组为单位进行活动，要求学生以一个课堂学习话题为重点表现对象创作一个60秒的商业广告。这个广告必须最大可能地强调相关课程要素，同时该广告应当包含一个商业口号以便帮助本小组成员和班级其他成员更好地记住其内容。

◎ 鼓励学生们通过运用他们从电视上见过的方法把他们的商业广告表演出来（例如请一位专家或名人为其话题做代言，展现一个快乐家庭秀，使用统计数据等）。

◎ 给学生们充足的时间去进行头脑风暴为他们的广告理念集思广益，同时，给每组学生各提供一盒小道具，他们可以在各自的微型广告作品中使用。

◎ 给每个活动小组一分钟的时间来为大家做广告展示。

◎ 在广告展示结束后，邀请不同的学生与大家分享一下他们从这些广告中学到的知识。

活动实施技巧

务必确保给学生们充足的时间去集思广益进行广告设计和广告作品排练。仅头脑风暴这一项活动时间就要花费20分钟或者更多的时间。尽管去缩短活动进程节约课堂时间看起来是很可行的，但是教师们往往会发现这个活动里涉及的知识，是学生们对于所学的整个单元或者整堂课知识中记忆效果最好的一部分。当学生们进行头脑风暴的时候，实质上他们也同时在思考如何让其广告包含的知识信息更容易让人记忆和引人注意。因此，这种时间安排往往是很合理的，尽管教师有时候为了确保各小组更有效的工作会去仔细地监控各小组的活动，但是一定要注意不要把学生们这种创造性的活动进程时间卡得太短。

实　例

一位九年级的英语教师为了让学生们准备期末考试，让学生们表演“词类”广告。她给每个活动小组各发了一张工作单，在该工作单上都有一些知识信息，这位教师想让学生们把这些信息融合到他们的广告中去（务必确保能够复习到最关键的概念知识），并且提醒所有的活动小组，此次活动的最终目的就是创造出一个能够帮助全班同学重新回忆起考试中可能考到的知识信息。接下来，她带领学生们回顾了那些广告商为了让观众记住他们的产品而采取的一些广告技巧（例如歌谣、惊喜、幽默等）。这次广告活动进行得很成功，因为学生们在准备广告的过程中就已经掌握了其包含的知识内容，据学生们反映，他们在考试的时候很容易地就把广告中的标语想了起来。

参与度最大化法则

◎ 把学生们的这些广告表演活动录制到录像带上，并且让那些需要进一步强化学习内容的学生们把录像带带回家作为一个复习资料。

◎ 为了帮助那些耳聋的学生或者有听力障碍的学生，或者为了帮助那些需要多种模式的方法才能学到知识的学生，教师可以让各活动小组在广告中使用闭合字幕。各小组在“表演”广告的过程中，可以由某个专门的学生把广告提示卡放到演员们的旁边，发给每人一张该广告的台词脚本以便让每一个学生都能看懂此广告，或者可以在投影仪或电脑屏幕上将广告词一行一行地展示出来。

◎ 教师不妨考虑一下指定一两个学生担任导演。他们的工作就是要确保所有的广告信息内容各不相同，同时也要确保学生们能够从每一个广告展示中学到一些新知识。

◎ 为了保证学生们一直都记得所学的内容，教师可以在课程结束一周或者一个月以后让学生们重新演绎这些广告。这种再度上演活动能够给每个人（表演广告的各小组成员本身及其广大观众）提供学习的机会，同时也能帮助教师以一种快乐的方式来调节气氛，唤醒疲惫的课堂。这种重复演绎活动的另一个好处，就是它为教师帮助和指导学生提供了一个巧妙的方法，在考试之前，教师可以哼唱部分广告词来帮助学生们回想概念。

课堂应用心得

学生自制测试题

当学生们有机会不仅可以自己出考试题，而且也可以与其他同学一起来答题的时候，他们那种典型的考试综合征也就消失了。通过这种轻松的方式，学生们不仅能够展示他们知道的知识而且还可以不带有任何厌倦、压力或厌烦的情绪为更加正式的评估测试做准备。

指导原则

◎ 花费课堂10到15分钟的时间，让学生们复习课本中某一章节的内容或者某一单元中的一组概念，然后要求他们从这些材料中提出一到两个测试题。教师要告诉学生们这些测试题有可能会被拿来对全体学生做一次测试性评估。

◎ 之后，让学生们相互交流他们所提的问题并且给出这些问题的答案，这可以作为对即将到来的测试所进行的一次复习活动。此活动环节结束后，教师要把所有的测试题收集起来。

◎ 第二天（或者在将来的某个时间）给学生进行一次测试，这个测试所有的题目都选自前一天学生们交上来的测试题。由于学生们对这些测试材料已经很熟悉，因此这将会减轻他们考试前的紧张感，往后的测试也会如此。

◎ 告诉学生们，他们不仅能够共同出测试题而且也将一起协作参加测试。把学生们分成一些二人搭档组或者几个学习小组，给每个小组一支铅笔和足够多的试卷，以便每个小组成员都能阅读试题和做笔记。

◎ 让各小组指定出自己的记录员，这样每组仅有一名学生来书写，教师要提醒学生们，每组最后只上交一份答卷，因此各组的记录员只负责将答案记录在上交给老师查看的那份试卷上。

活动实施技巧

尽管在同一个教室里完成整个活动过程是可能的（学生们在出题时要小声一点），但是如果各活动小组能够分散在各个独立的地方参加测试，那么整个活动实施起来可能会容易一些。学生可以参加测试的考场地点主要包括：图书馆、走廊、办公室和计算机机房。

实　例

一位四年级教师采用“学生自制测试题”这个活动来组织学生们为即将到来的州级标准化考试做准备。因为只要教师稍稍提及到这种考试，就往往会使学生们要么感到紧张要么感到浑浑噩噩，或者两种感觉都有，因此她采用这种活动策略来使得考试时间更社会化一些，进而也更让人感到快乐一些。不足为奇，这位教师同时也发现此活动策略也能使学生们更好地为考试做准备。让学生们自己出考试题看起来能抓住他们的学习兴趣，给学生们时间去讨论考试内容和考试形式，似乎也能促使他们进行更深入的学习。在听取学生们的相关评论时，给她印象最深的就是学生们在讨论最后一道考试题（这道题是由该老师亲自出的）时所做的评论："请与大家分享一个你曾经用过的成功的考试策略。"在分享这个信息的时候，学生们不仅能够为他们可能在未来考试中碰到的内容做准备，而且还能够与大家分享具体的学习策略。这种信息分享活动能够使所有学生受益匪浅，尤其是对那些在考试时总是发挥不好的学生有很大的帮助。

参与度最大化法则

◎ 为了激发学生们更高的学习兴趣，教师可以允许学生们把测试题写成问答题的形式。有些学生将会被这项活动任务的新颖性所激励，甚至有可能为了完成这个独特的挑战任务而想出更加复杂的测试问题。

◎ 有些学生在独自想出一些测试题之前，可能需要借鉴一些与目前所学内容相关的样题和一些不同测试题型的范本（例如连线题、判断对错题、多项选择题和填空题）。对于那些需要更多额外帮助的学生，教师可以给他们提供一份试题样卷并要求他们从这里面选出一到两个自己希望能在测试中碰到的试题，这些样题可以按照低难度、中等难度和高难度的层次水平来编排。

◎ 在测试当天，各小组务必要确保其记录员能够完成按要求书写和迅速组织各种想法和观点的任务。如果这项任务对组内许多成员都具有挑战性，教师可以考虑指定该小组内的多名学生轮流担任记录员这个角色。教师也可以给各组学生制定其他角色，例如计时员、校对员、协作监督员和拉拉队员。

课堂应用心得

 “寻宝游戏”解答问题

许多营队辅导员、侦查队指挥员和教堂集会组织者，都采用过“寻宝游戏”来打破会议僵局或在社交聚会上带来快乐。

“寻宝游戏”活动中既可以包括一些简单问题也可以包括一些复杂问题，既可涉及到一些个人的问题，也可以涉及到与课堂内容有关的问题。这项活动本身可以作为一种对学生们进行学习情况评价的活动或者作为一项庆祝学生们学习成果的活动，因为它可以在学生们学习新知识之前或之后，对班里某些学生所掌握的专门知识给予充分的肯定。

指导原则

◎ 教师给每位学生各发一张工作单，该工作单上有一系列与课程内容有关的问题或者提示。学生们活动的目标，是通过向其他班级成员索取信息的方式来找出其自己寻宝表上每个问题的答案。

◎ 把每张工作单发放到学生手里，并且向其宣布两条简单的游戏规则：

（a）每次只能向每位学生询问一条答案；

（b）每位学生在从其他同学那里获取到一条答案的同时，也需要给对方提供一条答案。

◎ 接下来，指导学生们带着自己的工作单在教室里四处走动，与班级其他成员进行互动并获取问题的答案。

活动实施技巧

为了使学生们迅速地动起来参加到活动中去，教师要告诉学生，在他们为自己寻宝单上前两个或前三个问题寻找答案时，不能向其同一行的学生（或同桌）询问。如果教师想使活动更加具体，并且想让学生们离开自己的座位远离其经常选择的搭档，那么教师在学生们寻找前几个问题的答案时可以为他们指定活动搭档。

实　例

一位高中科学课教师把“寻宝游戏”作为一个期末复习活动来组织学生们实施。首先，该教师要求所有的学生提供一些在此次寻宝游戏活动可能会用到的问题，然后她从所有这些问题中选取一些制作成一份工作单（见表5.1）。当学生们在教室里四处走动进行信息收集活动时，该教师在旁边偷听学生们之间的谈话以便对他们的考试准备情况做一个评估，并且还可以就某些知识重点给个别学生提供现场辅导。

兰迪是一个在科学方面有超强领悟能力的学生，在“寻宝游戏”这个活动开始之前，他就已经掌握了工作单上大部分的概念。因此，老师允许他用三个新的“挑战性问题”替换掉工作单上的三个题，他从课外阅读材料中和教室里的电脑上搜寻到了这三个题的答案。接下来，老师允许兰迪把这三个扩展性的问题带到活动中，来作为寻宝活动的一部分与其他学生展开互动。

表5.1 “寻宝游戏”自然科学实例

寻宝游戏

此活动的目标是向班里其他专家能手学生学到尽可能多的知识。每次你只能从你所求助的每位学生那里获取一个答案，并且你也只能向对方提供一个答案。

1．找出一位能用图画表现“穿越一段距离的作用力”这种情景（作品）的学生。

请这位艺术家在此处签名______________________________

2. 找出一位能说出放射现象的一种用途的学生。

____

请这位科学家在此处签名______________________________

3.找出一位能说出日常生活中用到的一种滑轮车工作原理的学生。

____

____

请这位科学家在此处签名______________________________

4. 找出一位能够演示、解释或用图画表示多普勒效应的学生。

请这位富有创造力的学生在此处签名__________________

完成你的任务后，请在教室里四处走动去帮助你的同班同学完成他们的寻宝工作。

参与度最大化法则

◎ 让几名学生担任“寻宝助手”，给那些在完成表格填写活动中有困难的学生们提供帮助。这些助手们可以给其他学生提供信息，或者最好只是给他们指明哪些学生是某些特定知识领域里的行家能手，哪些学生能在相同的寻宝问题上给别的学生提供帮助。

◎ 让学生们在四处走动中或开始之前，提出几个自己的问题。

◎ 如果某个学生不能口头回答问题，那么他的同学们则可以专门提出一个问题，这个问题必须是可以用手势、图画或者从教室里或课本中指出某个物体的方式来回答。例如以下这个问题：“请找出一个能用符号标记出水分子的组成元素的学生。”可以推动学生们学习一些其他可替换的知识表达方式。

◎ 拥有特殊技能的学生，已经掌握了某些精选内容的学生，或者掌握了一套有限的知识体系的学生，可以在活动开始之前提前详述他们所精通的知识信息。教师可以在其他学生的寻宝表上注上提示性语言，提示他们去向这些专家能手同学们寻求帮助。

◎ 如果某些学生在交际和行动方面的障碍影响了其在活动中获取信息的速度，那么教师可以在他们的寻宝游戏单上少给一些问题，或者给他们提出一些不同的问题，教师也可以要求某些学生回答一些比其他学生的问题稍简易一点的问题。

◎ 允许那些需要更高挑战性活动的学生为全班制作寻宝游戏表。

◎ 如果某些学生需要一定的帮助才能回答问题，那么教师可以允许他们匆匆查看一下课本或者课堂笔记。

◎ 这个活动能够给老师提供许多机会去突显某些个别学生的专业技能、特殊天赋和优势强项。如果某个学生刚刚从沙特搬迁过来，那么教师则可以在寻宝游戏问题单中设置一些与中东地理概况有关的问题。如果某个特别喜欢读书的学生对《爱丽丝梦游仙境》这本书非常感兴趣，那么教师可以在寻宝游戏问题单中提出一个问题，要求学生们表演或者画出此书中某个故事场景。

课堂应用心得

____

____

____

用表演来解决难题

这个班级游戏可以帮助学习者们记住一些用其他方式记不住的知识信息。在这个游戏里，学生们将以小组的形式去“变成”各种词语、概念、观点或事物。教师可以给所有的活动小组分派相同的词语或概念，也可以给不同的小组分派不同却相关的词语或概念。教师可以根据学生们的需要，给他们提供不同的选择，既可以给他们提供一些非常具体的词语，例如“金字塔”或者“显微镜”，也可提供一些比较抽象和复杂的词语，例如“社团”、“元素”、“余弦”或者“意象”。

指导原则

◎ 让学生们去表演一个与课程内容相关并且能帮助他们展现所学知识的词语、概念或者观点。教师可以留出一段课堂时间并且给每个小组分派一些不同的概念，或者让各活动小组去阐明同一个概念。

◎ 教师可以把分派的所有内容告诉全体学生，也可以给各活动小组分派一个秘密的内容，在活动中让其他小组成员来猜测。分配的内容既可以用口头传达的方式，也可以用书面表达的形式分给各活动小组。例如，某个小组可能会得到这样的任务：“你们是沙漠生态系统，请把它表演出来！”

◎ 给各活动小组一小段时间去为各种的表演出谋划策。这种活动形式有的时候是很有趣的，因为学生们需要现场进行思考并且要将他们头脑中最突出的想法表演出来。

◎ 此项活动的另外一个活动方式，就是给学生们时间去计划准备，并且把表演活动作为一种正式的复习活动来对待。在这种活动方式中，教师可以给出特殊的标准。例如，教师可以要求表演时间至少要有一分钟，并且要求学生们在表演过程中要用上至少两个道具。

实 例

◎ 在一节九年级科学课上，教师让学生们以四人为一个活动小组来表演“熔化”和“裂变”这两个概念。尽管事实上，所有的学生在表演的时候几乎采用的都是相同的表演动作（迅速地聚成一团然后又迅速地向教室的各个角落流窜开来），但是每一组都有自己的解释，并且每一个微型表演秀上演的时候，都能帮助学生们记住原子的运动方式。

◎ 在一次语言艺术课上，教师让学生们表演了如下一组词语：引起回忆、穷凶极恶、简洁有力、繁重、早熟、利欲熏心和赔偿。每组分别负责表演其中的一个词汇，在每个小组表演的时候其他组成员要从这一组词语中猜出该小品所表现的那个词语。这个活动对蕾恩特别有帮助，她是一个患有阿斯伯格综合征的学生。蕾恩感觉这种视觉意象形式能够帮助她去学习新单词，尤其是那些具有抽象意义的词。这种轻松愉快的活动氛围也使她感到非常轻松自在，这与她在其他语言繁琐的学习活动中所感受到的紧张感是截然相反的。

参与度最大化法则

◎ 教师要给学生们提供一箱他们在表演中可能会用到的服装和道具，或者给学生们提供如下物品：便条纸、毛毯、纸巾、彩带、纸板和学生用品，并且要求他们当场制作道具。

◎ 对于那些需要更高挑战的学生，教师可以给他们布置比较抽象的猜字谜游戏，或者允许他们写出自己的表演活动要求。

◎ 为了进一步深化学生们的学习，教师可以要求学生们对每一个表演进行即兴复习活动。教师可以把学生们分成各个活动小组并且给各小组分配不同的与小品筹划有关的任务。例如，教师可以让一个小组负责实施核查，另一个小组负责设计有用的视觉影像工具。教师还可以让一个小组负责音响和台词（例如，设计一个对话或者某些特定形式的乐曲），深化表演场景的意义。

课堂应用心得

____

____

____

____

“常青藤”书系—中青文教师用书总目录

书名	书号	定价
特别推荐——从优秀到卓越系列		
从优秀教师到卓越教师：极具影响力的日常教学策略（入选浙江省教师节用书）	9787515312378	33.80
从优秀教学到卓越教学：让学生专注学习的最实用教学指南	9787515324227	32.00
从优秀学校到卓越学校：他们的校长在哪些方面做得更好	9787515325637	33.80
卓越课堂管理（中国教育新闻网2015年度“影响教师的100本书”）	9787515331362	68.00
名师新经典/教育名著		
如何当好一名学校中层：快速提升中层能力、成就优秀学校的31个高效策略	9787515346519	29.00
像冠军一样教学：引领学生走向卓越的62个教学诀窍	9787515343488	49.00
像冠军一样教学 2：引领教师掌握62个教学诀窍的实操手册与教学资源	9787515352022	68.00
如何成为高效能教师（美国最畅销教师用书，销量超过350万册，最专业、最权威、最系统的教师培训第一书）	9787515301747	89.00
给教师的101条建议（第三版）（《中国教育报》“最佳图书”奖）	9787515342665	33.00
改善学生课堂表现的50个方法（入选《中国教育报》“影响教师的100本书”）	9787500693536	23.80
改善学生课堂表现的50个方法操作指南：小技巧获得大改变	9787515334783	29.00
优秀教师一定要知道的17件事（美国当前最有影响教育畅销书作者全新力作）	9787515342726	23.00
美国中小学世界历史读本 / 世界地理读本 / 艺术史读本	9787515317397等	106.00
美国语文读本1-6	9787515314624等	252.70
和优秀教师一起读苏霍姆林斯基	9787500698401	27.00
怎么做孩子会爱上学习（入选“21世纪中国教师必读的百种好书”，《中国教育报》“影响教师的100本书”）	9787500685968	22.00
快速破解60个日常教学难题	9787515339320	33.00
美国最好的中学是怎样的——让孩子成为学习高手的乐园	9787515344713	28.00
建立以学习共同体为导向的师生关系：让教育的复杂问题变得简单	9787515353449	33.80
教师成长/专业素养		
你的第一年：新教师如何生存和发展	9787515351599	33.80
教师精力管理：让教师高效教学，学生自主学习	9787515349169	28.00
如何使学生成为优秀的思考者和学习者：哈佛大学教育学院课堂思考解决方案	9787515348155	39.80
反思性教学：一个已被证明能让所有教师做到最好的培训项目（30周年纪念版）	9787515347837	49.00
凭什么让学生服你：极具影响力的日常教育策略（中国教育新闻网2017年度“影响教师的100本书”）	9787515347554	28.00
运用积极心理学提高学生成绩：品格教育校本计划（中国教育新闻网2017年度“影响教师的100本书”）	9787515345680	39.80
可见的学习与思维教学：让教学对学生可见，让学习对教师可见（中国教育报2017年度“教师最喜爱的100本书”）	9787515345000	29.80
可见的学习与思维教学：成长型思维教学的54个教学资源：教学资源版	9787515354743	36.00
教学是一段旅程：成长为卓越教师你一定要知道的事	9787515344478	39.00
安奈特·布鲁肖写给教师的101首诗	9787515340982	35.00

	书名	书号	定价
	万人迷老师养成宝典学习指南	9787515340784	28.00
	中小学教师职业道德培训手册：师德的定义、养成与评估	9787515340777	32.00
	成为顶尖教师的10项修炼（中国教育新闻网2015年度“影响教师的100本书”）	9787515334066	35.00
★	T. E. T. 教师效能训练：一个已被证明能让所有年龄学生做到最好的培训项目（30周年纪念版）（中国教育新闻网2015年度“影响教师的100本书”）	9787515332284	39.00
	教学需要打破常规：全世界最受欢迎的创意教学法（中国教育新闻网2015年度“影响教师的100本书”）	9787515331591	33.00
	高效能教师如何带领学生取得优异成绩（中国教育新闻网2015年度“影响教师的100本书”）	9787515328980	39.00
	10天卓越教师自我培训（教育家安奈特·布鲁肖顶尖卓越教师培训教材）	9787515329925	29.00
	给幼儿教师的100个创意：幼儿园班级设计与管理 / 为幼升小做准备	9787515330310等	58.00
	给小学教师的100个创意：发展思维能力	9787515327402	29.00
	给中学教师的100个创意： 如何激发学生的天赋和特长 / 杰出的教学 / 快速改善学生课堂表现	9787515330723等	87.90
	以学生为中心的翻转教学11法	9787515328386	29.00
	如何使教师保持职业激情	9787515305868	29.00
★	如何培训高效能教师：来自全美权威教师培训项目的建议	9787515324685	32.00
	良好教学效果的12试金石：每天都需要专注的事情清单	9787515326283	29.90
★	让每个学生主动参与学习的37个技巧	9787515320526	28.00
	给教师的40堂培训课：教师学习与发展的最佳实操手册	9787515352787	39.90
	提高学生学习效率的9种教学方法	9787515310954	27.80
★	优秀教师的课堂艺术：唤醒快乐积极的教学技能手册	9787515342719	26.00
★	万人迷老师养成宝典（第2版）（入选《中国教育报》“2010年影响教师的100本书”）	9787515342702	29.00
	高效能教师的9个习惯	9787500699316	23.00
★	好老师可以避免的20个课堂错误（入选《中国教育报》“2010年影响教师的100本书”）	9787500688785	21.50
	爱·上课：麻辣教师调教“天下第一班”的教育奇迹（李希贵、窦桂梅推荐）	9787500693383	29.00
	课堂教学/课堂管理		
	积极课堂：如何更好地解决课堂纪律与学生的冲突	9787515354590	38.00
	设计智慧课堂：培养学生一生受用的学习习惯与思维方式	9787515352770	39.00
	追求学习结果的88个经典教学设计：轻松打造学生积极参与的互动课堂	9787515353524	39.00
	从备课开始的100个课堂活动设计：创造积极课堂环境和学习乐趣的教师工具包	9787515353432	33.80
	老师怎么教，学生才能记得住	9787515353067	48.00
	多维互动式课堂管理：50个行之有效的方法助你事半功倍	9787515353395	39.80
	智能课堂设计清单：帮助教师建立一套规范程序和做事方法	9787515352985	49.90
	提升学生小组合作学习的56个策略：让学生变得专注、自信、会学习	9787515352954	29.90
	快速处理学生行为问题的52个方法：让学生变得自律、专注、爱学习	9787515352428	39.00
	王牌教学法：罗恩·克拉克学校的创意课堂	9787515352145	39.80
	让学生快速融入课堂的88个趣味游戏：让上课变得新颖、紧凑、有成效	9787515351889	39.00
★	如何调动与激励学生：唤醒每个内在学习者（李希贵校长推荐全校教师研读）	9787515350448	39.80

书名	书号	定价
合作学习技能35课：培养学生的协作能力和未来竞争力	9787515340524	45.00
基于课程标准的STEM教学设计：有趣有料有效的STEM跨学科培养教学方案	9787515349879	68.00
如何设计教学细节：好课堂是设计出来的	9787515349152	39.00
15秒课堂管理法：让上课变得有料、有趣、有秩序	9787515348490	33.80
混合式教学：技术工具辅助教学实操手册	9787515347073	39.80
从备课开始的50个创意教学法	9787515346618	29.00
中学生实现成绩突破的40个引导方法	9787515345192	33.00
给小学教师的100个简单的科学实验创意	9787515342481	39.00
老师如何提问，学生才会思考	9787515341217	33.80
教师如何提高学生小组合作学习效率	9787515340340	29.00
卓越教师的200条教学策略	9787515340401	35.00
中小学生执行力训练手册：教出高效、专注、有自信的学生	9787515335384	33.80
提高学生学习专注力的8个方法：打造深度学习课堂	9787515333557	35.00
改善学生学习态度的58个建议	9787515324067	25.00
全脑教学：影响全球300万教师的教学指导书（中国教育新闻网2015年度“影响教师的100本书”）	9787515323169	38.00
全脑教学与成长型思维教学：提高学生学习力的92个课堂游戏	9787515349466	39.00
哈佛大学教育学院思维训练课	9787515325101	36.00
完美结束一堂课的35个好创意	9787515325163	28.00
如何更好地教学：优秀教师一定要知道的事（被英国教育界奉为圣经的教学用书）	9787515324609	36.00
带着目的教与学	9787515323978	28.00
美国中小学生社会技能课程与活动（学前阶段/1-3年级/4-6年级/7-12年级）	9787515322537等	153.80
彻底走出教学误区：开启轻松智能课堂管理的45个方法	9787515322285	28.00
破解问题学生的行为密码：如何教好焦虑、逆反、孤僻、暴躁、早熟的学生	9787515322292	36.00
在普通课堂教出尖子生的20个方法：分层教学	9787515321868	29.90
13个教学难题解决手册	9787515320502	28.00
让学生爱上学习的165个课堂游戏	9787515319032	39.00
美国学生游戏与素质训练手册：培养孩子合作、自尊、沟通、情商的103种教育游戏	9787515325156	36.00
老师怎么说，学生才会听	9787515312057	28.00
快乐教学：如何让学生积极与你互动（入选《中国教育报》“影响教师的100本书”）	9787500696087	29.00
老师怎么教，学生才会提问	9787515317410	29.00
快速改善课堂纪律的75个方法	9787515313665	28.00
教学可以很简单：高效能教师轻松教学7法	9787515314457	39.00
好老师应对课堂挑战的25个方法（《给教师的101条建议》作者新书）	9787500699378	25.00
好老师激励后进生的21个课堂技巧	9787515311838	23.80
开始和结束一堂课的50个好创意	9787515312071	29.80
好老师因材施教的12个方法（美国著名教师伊莉莎白“好老师”三部曲）	9787500694847	22.00
如何打造高效能课堂（美国《学习》杂志“教师必选”奖，“激励教师组织”推荐书目）	9787500680666	29.00

	书名	书号	定价
	合理有据的教师评价：课堂评估衡量学生进步	9787515330815	29.00
	班主任工作/德育		
★	北京四中8班的教育奇迹	9787515321608	36.00
★	师德教育培训手册	9787515326627	29.80
	中小学教师职业道德培训手册：师德的定义、养成与评估	9787515340777	32.00
★	好老师征服后进生的14堂课（美国著名教师伊莉莎白“好老师”三部曲）	9787500693819	25.00
	优秀班主任的50条建议：师德教育感动读本（《中国教育报》专题推荐）	9787515305752	23.00
	学校管理/校长领导力		
	学校管理者平衡时间和精力的21个方法	9787515349886	29.90
	校长引导中层和教师思考的50个问题	9787515349176	29.00
	如何定义、评估和改变学校文化	9787515340371	29.80
	从优秀学校到卓越学校：他们的校长在哪些方面做得更好	9787515325637	33.80
	优秀校长一定要做的18件事（入选《中国教育报》“2009年影响教师的100本书”）	9787515342733	26.00
	构建杰出学校的7个杠杆	9787515324319	39.00
	学科教学/教科研		
	《〈道德经〉妙解、导读与分享：拨云见日，勘破天地智慧　深入浅出，揭示亘古真理》（诵读版）	9787515351407	49.00
★	人大附中中考作文取胜之道	9787515345567	39.80
★	人大附中高考作文取胜之道	9787515320694	33.80
★	人大附中学生这样学语文：走近经典名著	9787515328959	33.80
	四界语文（中国教育报2017年度“教师喜爱的100本书”）	9787515348483	49.00
	让小学一年级孩子爱上阅读的40个方法	9787515307589	30.00
	让学生爱上数学的48个游戏	9787515326207	26.00
★	优秀小学语文教师一定要知道的7件事（窦桂梅畅销作品）	9787500674139	23.80
	轻松100 课教会孩子阅读英文	9787515338781	88.00
	情商教育/心理咨询		
	9节课，教你读懂孩子：妙解亲子教育、青春期教育、隔代教育难题	9787515351056	39.80
★	学生版盖洛普优势识别器（独一无二的优势测量工具）	9787515350387	169.00
	与孩子好好说话（获“美国国家育儿出版物（NAPPA）金奖”，沟通圣经）	9787515350370	39.80
	中小学心理教师的10项修炼	9787515309347	36.00
★	别和青春期的孩子较劲（增订版）（入选《中国教育报》“2009年影响教师的100本书”）	9787515343075	28.00
★	100条让孩子胜出的社交规则	9787515327648	28.00
	守护孩子安全一定要知道的17个方法	9787515326405	32.00
	幼儿园/学前教育		
	幼儿园30个大主题活动精选：让工作更轻松的整合技巧	9787515339627	39.80
★	美国幼儿教育活动大百科：3-6岁儿童学习与发展指南用书 科学 / 艺术 / 健康与语言 / 社会	9787515324265等	600.00
	蒙台梭利早期教育法：3-6岁儿童发展指南（理论版）	9787515322544	29.80

书名	书号	定价
蒙台梭利儿童教育手册：3-6岁儿童发展指南（实践版）	9787515307664	25.00
自由地学习：华德福的幼儿园教育	9787515328300	29.90
赞美你：奥巴马给女儿的信	9787515303222	19.90
史上最接地气的幼儿书单	9787515329185	39.80
教育主张/教育视野		
教出阅读力	9787515352800	39.90
为学生赋能：当学生自己掌控学习时，会发生什么	9787515352848	33.00
如何用设计思维创意教学：风靡全球的创造力培养方法	9787515352367	39.80
如何发现孩子：实践蒙台梭利解放天性的趣味游戏	9787515325750	32.00
如何学习：用更短的时间达到更佳效果和更好成绩	9787515349084	49.00
教师和家长共同培养卓越学生的10个策略	9787515331355	27.00
如何阅读：一个已被证实的低投入高回报的学习方法	9787515346847	39.00
芬兰教育全球第一的秘密（珍藏版）(《中国教育报》等主流媒体专题推荐，台湾教育类畅销书榜第一名）	9787515342610	28.00
世界最好的教育给父母和教师的45堂必修课（《芬兰教育全球第一的秘密》2）	9787515342696	28.00
杰出青少年的7个习惯（精英版）(中小学图书馆推荐书目、中国青少年必读书目）	9787515342672	39.00
杰出青少年的7个习惯（成长版）	9787515335155	29.00
杰出青少年的6个决定（领袖版）(中小学图书馆推荐书目、中国青少年必读书目、全国优秀出版物奖）	9787515342658	28.00
7个习惯教出优秀学生（第2版）(全球第一畅销书《高效能人士的七个习惯》教师版）	9787515342573	29.00
学习的科学：如何学习得更好更快（入选2016年中国教育网2016年度"影响教师的100本书"）	9787515341767	39.80
杰出青少年构建内心世界的5个坐标（中国青少年成长公开课）	9787515314952	59.00
跳出教育的盒子（第2版）(美国中小学教学经典畅销书）	9787515344676	35.00
夏烈教授给高中生的19场讲座（入选《中国教育报》"2013年最受教师欢迎的100本书"）	9787515318813	29.90
学习之道：美国公认经典学习书	9787515342641	39.00
翻转学习：如何更好地实践翻转课堂与慕课教学（中国教育新闻网2015年度"影响教师的100本书"）	9787515334837	32.00
翻转课堂与慕课教学：一场正在到来的教育变革	9787515328232	26.00
翻转课堂与混合式教学：互联网+时代，教育变革的最佳解决方案	9787515349022	29.80
翻转课堂与深度学习：人工智能时代，以学生为中心的智慧教学	9787515351582	29.80
奇迹学校：震撼美国教育界的教学传奇（中国教育新闻网2015年度"影响教师的100本书"）	9787515327044	36.00
学校是一段旅程：华德福教师1-8年级教学手记	9787515327945	32.00
高效能人士的七个习惯（30周年纪念版）(全球畅销书）	9787515350585	79.00

如何成为高效能教师

作者：(美) 黄绍裘　黄露丝玛丽

定价：89.00元

- 美国教师培训第一书
- 一套完整的高效能教师培训系统和教师核心素养提升解决方案
- 全球销量超400万册
- 超值赠送60分钟美国最专业、最受欢迎网络教学视频
- 200页网络版主题教学拓展资源

★ ★ ★

卓越课堂管理

作者：(美) 黄绍裘　黄露丝玛丽

定价：68.00元

- 获中国教育新闻网2015年度“影响教师的100本书”奖
- 获2016年第25届上海市中小学、幼儿园“优秀图书”奖
- 一套高效管理课堂的完整体系，为广大教师提供50种有效的课堂管理方案
- 并示范高效能教师的6套开学管理计划，让学生通过严格执行50种教育程序获得成功。